回归商业常识

BECOMING FACEBOOK

［美］麦克·霍夫林格 _ 著
（Mike Hoefflinger）

黄延峰 _ 译

中信出版集团｜北京

图书在版编目（CIP）数据

回归商业常识 /（美）麦克·霍夫林格著；黄延峰译 . -- 北京：中信出版社，2019.6
书名原文：Becoming Facebook
ISBN 978-7-5217-0224-8

Ⅰ. ①回… Ⅱ. ①麦… ②黄… Ⅲ. ①网络公司 – 企业管理 – 经验 – 美国 Ⅳ. ①F279.712.444

中国版本图书馆CIP数据核字（2019）第 043483 号

Becoming Facebook: The 10 Challenges That Defined the Company That's Disrupting the World
Copyright © 2017 Mike Hoefflinger.
HarperCollins Leadership, a division of HarperCollins Focus, LLC.
All rights reserved.
Simplified Chinese translation copyright © 2019 by CITIC Press Corporation

本书仅限中国大陆地区发行销售

回归商业常识

著　　者：[美] 麦克·霍夫林格
译　　者：黄延峰
出版发行：中信出版集团股份有限公司
　　　　　（北京市朝阳区惠新东街甲 4 号富盛大厦 2 座　邮编 100029）
承　印　者：北京盛通印刷股份有限公司

开　　本：880mm×1230mm　1/32　　印　张：10　　字　数：250 千字
版　　次：2019 年 6 月第 1 版　　印　次：2019 年 6 月第 1 次印刷
京权图字：01-2019-0499　　广告经营许可证：京朝工商广字第 8087 号
书　　号：ISBN 978-7-5217-0224-8
定　　价：68.00 元

版权所有·侵权必究
如有印刷、装订问题，本公司负责调换。
服务热线：400-600-8099
投稿邮箱：author@citicpub.com

目录

前言
IX

第一部分
重新认识脸书

第 1 章 / 003
脸书的窘境
——市值跌破一半

第 2 章 / 009
超越扎克伯格
——脸书完全始于扎克伯格,但不能止于此

第二部分
回归商业常识

第 3 章 / 027
脸书的原动力
常识一:守住产品的底线

第 4 章 / 037
永远对用户诚实
常识二:不断提升用户对产品品质的感受

第 5 章 / 057

10 亿日活跃用户数

常识三:产品有自然增长用户才有推广的价值

第 6 章 / 087

3 年创造 100 亿美元

常识四:产品给用户创造了价值,就能为企业创造价值

第 7 章 / 109

技术的使命是帮用户提高效率

常识五:速度就是功能

第 8 章 / 129

与谷歌对战

常识六:要了解的永远只有用户,不是对手

第 9 章 / 147

脸书的自我颠覆

常识七:持续扩展自己的边界

第 10 章 / 165

耐心的力量

常识八:市场要慢慢培育,持久投入

第 11 章 / 177

脸书如何赢得人才大战

常识九:人才,人才,还是人才

第 12 章 / 189

脸书称王

常识十:回归使命,回归常识

第三部分
脸书的未来

第 13 章 / 207
即时通信软件结合人工智能
——两匹战马加一个机器人

第 14 章 / 223
连接下一个 10 亿用户
——给用户带去希望

第 15 章 / 237

打造下一块屏幕
——用虚拟现实和增强现实技术让 10 亿用户享受身临其境的感觉

第 16 章 / 255

如果脸书连接了全世界，将会怎样？
——社交网络的未来趋势

第四部分
反思脸书

第 17 章 / 269
那些值得庆祝的失败
——脸书也会失败,但这不失为一件好事

第 18 章 / 285
难逃颠覆?
——科技公司的没落命运

致谢

前言

2009年，本·麦兹里奇的《Facebook：关于性、金钱、天才和背叛》一书出版，马克·扎克伯格因此给世人留下了深刻的印象，它的开篇第一句是这样写的："可能是第三杯鸡尾酒起了作用。"后来，本书为艾伦·索金的电影《社交网络》提供了原始素材，对于不擅交际且心理上有点暧昧的"程序猿"来说，结识女孩子是让他们心向往之的事情，开办社交网站主要就是受此想法的激发。2009年初，脸书只有1.5亿用户，一年下来收入才2.7亿美元，被视为一家像聚友网（MySpace）那样前途未卜的企业，当时，聚友网是美国最大的社交网站。

2015年年底，扎克伯格被誉为最杰出的首席执行官和慈善家之一，谢丽尔·桑德伯格不仅被誉为首席运营官的楷模，而且被认为是该行业的重要人物和平等的提倡者，脸书公司受到跟谷歌公司和苹果公司一样的尊敬，并被寄予改变世界的厚望。他们已经将脸书的用户数提高了15倍，要知道，在世界前6种交流工具中，脸书公司已经拥有了4种，分别是脸书、照片墙、网络信使（WhatsApp）和脸书信使（Messenger），其中有3种月活跃用户数超过了10亿。这使得脸书的市值提升了30倍，达到3 000多亿美元，而收入提升了 60 多倍，每年将近 180 亿美元。

本书所写的是脸书公司在这 7 年发生的故事，以及接下来 10 年可能发生的故事。它源自内部的观察。作为世界上最优秀的公司之一，脸书公司正处于一个重要的发展阶段。

至于我，我是一个创建者。从 1981 年得到自己的第一台苹果 II 计算机就一直如此。相比创建，或许我更喜欢观察伟大的创建者。所以，我能在硅谷有第二次工作经历绝非偶然。第一次要追溯到 1978 年，当时我父亲在加利福尼亚大学伯克利分校教书，正享受着他的假期。那时的硅谷还只是"谷"，没有电脑，没有互联网，更没有苹果手机。我们开着车到处转，拜访德州仪器公司，观看他们尚在实验阶段的新型拼写与发音益智玩具。第二次始于 1990 年。25 年后，我还在这里。

幸运的是，在英特尔公司时，我参与了第一台微处理器的研制，目睹它一举成名，也看到个人电脑在 20 世纪 90 年代初风行世界。在为安迪·格鲁夫工作时，互联网诞生了，我们拜访谷歌的拉里·佩奇和谢尔盖·布林，参观他们在帕洛阿尔托摆着乒乓球桌的会议室；拜访亚马逊的杰夫·贝索斯，他在西雅图一幢改造过的医院大楼里办公；拜访响云公司（Loudcloud）的马克·安德森和本·霍洛维茨，他们的公司设在森尼韦尔工业园内，这家风险投资公司以 a16z[①] 之名逐渐被人熟知还要再等上 10 年。在为马克·扎克伯格和谢丽尔·桑德伯格工作时，他们开发出一些最具影响力的服务，

---

① 马克·安德森和本·霍洛维茨创立了一家风险投资公司，它之所以简称为a16z，是因为公司名称是 Andreessen Horowitz，A 和 Z 之间有 16 个字母。——译者注

实现了从电视、电脑到手机应用服务的重大跨越。

作为内含英特尔（Intel Inside）计划的总经理，我曾经当过桑德伯格1年的客户，直到2008年秋，我们在帕洛阿尔托闹市区一家咖啡店里坐下来，谈论我是否愿意加入她的团队，负责打造脸书公司羽翼未丰的广告业务。长话短说，桑德伯格很是令人心悦诚服，7年后，该团队已将脸书的广告业务提高了60多倍，年收入达到180亿美元，我为脸书公司组建了全球品牌、市场定位、沟通交流、咨询和用户需求洞察团队。脸书公司和它的团队由世界上数百位最优秀的人才组成，他们各自发挥作用，共同致力于脸书公司的使命：让世界更开放和更互联。

使命永远催人奋进，也从不唾手可得，但伴随着世界上最大的手机用户服务的发展，扎克伯格、桑德伯格和脸书公司的团队创建了一家拥有真正价值的企业，这个故事本身就是空前伟大的硅谷传奇之一。我很感激能一直参与其中，并且掩饰不住兴奋地要把它写下来，与你们分享。

我不是写《点球成金》的迈克尔·刘易斯那样的记者，也不是《创新者的窘境》作者克莱顿·克里斯坦森那样的教授，我只是一个创建者和观察者。

我与谢丽尔和马克及其10 000名最亲密的朋友一起创建。

本书就是我的观察。

麦克·霍夫林格

于洛斯阿图斯（Los Altos）

2016年10月

第一部分

重新认识脸书

第 1 章

脸书的窘境
—— 市值跌破一半

图 1-1 2012 年脸书首次公开募股（IPO）之后收盘价的变化（5 月 18 日—9 月 4 日）

作为美国历史上第二大首次公开募股（IPO）的股票，在世人满怀期待中现身之后的第 109 天，即 2012 年 9 月 4 日，脸书公司股票以 17.73 美元收盘，跌破发行价超过 53%，相当于 500 多亿美元的市值蒸发，大大低于当初的预期，这不只是对一家上市公司的态度，也是对社交网络的一种公开投票（见图 1-1）。

这是对马克·扎克伯格的公开投票。他是奥斯卡奖获得者艾伦·索金剧本中虚构的那种神童，对他来说，"100 万美元也没啥了不起的"。

这是对扎克伯格至关重要的商业伙伴谢丽尔·桑德伯格的公开投票。她在政府和企业均有优秀的职业记录，对于追求平等充满激情，在她那本畅销书中，这种激情尚未充分表达，但在TED演讲中则展露无遗。

这似乎也是对新硅谷概念的公开投票。新硅谷既没有硅，也没有谷，而像是运送年轻软件开发者的网络，他们继承了硅谷精神的一部分，来来往往穿梭于自己喜欢的旧金山游乐场。

看看周边的现实，显然也无法为自己找到借口：整体经济在复苏，像谷歌、苹果这样受到高度重视的科技公司，股价同时上涨了10%，该死，甚至还包括纳斯达克。

脸书孤零零地站在衰败的边缘，而且看上去17.73美元并没有见底。蒙特利尔银行将其未来的股价设定在15美元左右，暗示脸书将不免让人心碎地损失其首次挂牌估值的3/4。eMarketer是一家很有影响力的市场分析机构，它宣称脸书当年的收入将低于预期。此后1个月，脸书上市之后12亿股份的锁定期于2012年10月结束，这势必导致巨量的股票涌向交易市场，对业已萎靡不振的脸书股票需求而言，这无疑是雪上加霜。

高朋团购（Groupon）、星佳公司（Zynga）和聚友网曾经都是拥有雄心壮志的科技宠儿，而脸书的新故事很可能要步其后尘，至少已经接近这些宠儿已被市场摒弃的躯壳了。

"脸书起初并不想建成一家公司"，它将自己的资源完全开放，与伙伴共享，以帮助他们理解该公司独特的文化。成群结队聚集在这家衰退公司周围的权威人士指出，可能最后它仍然不是一家公司。

触底反弹？

下跌 53% 比恰好跌一半让人感觉更糟，最大的原因之一是当时只有 3 家消费技术公司在经历了如此规模的股价下跌之后，强势反弹，而且生意兴隆，茁壮成长，超越了昔日的辉煌。它们是苹果、谷歌和亚马逊这样的技术王国。入住名人堂的首席执行官则是史蒂夫·乔布斯、拉里·佩奇和杰夫·贝索斯。然而，截至 2012 年 9 月 4 日，套用劳埃德·本特森在竞选副总统时说的那句著名的反诘，绝大多数对扎克伯格品头论足的观察家认为他不是史蒂夫·乔布斯，不是拉里·佩奇，也不是杰夫·贝索斯。[①]

在公开场合，每个人都乐意提醒你不要把股票价格和企业的内在价值混为一谈。但在背地里，股价的下跌常常让他们陷入消极的外部看法与内部士气和生产力下降的恶性循环。他们照例会找借口，希望以此把潜在客户拉回来。通常，这使得招聘杰出的人才变得难上加难，在硅谷这样竞争惨烈的市场尤其如此。在管理团队为如何解决生产经营问题争吵不休时，人才的内部流动陷入混乱。

---

① 1988 年，在美国竞选副总统电视辩论时，共和党副总统候选人丹·奎尔自比美国第 35 任总统约翰·肯尼迪，民主党副总统候选人劳埃德·本特森反诘说："参议员，你不是约翰·肯尼迪。"从此，这句话就成了美国政治家的金句，借以打击那些自视甚高的政治家或其他对象。——译者注

更有甚者，在首次公开募股之前，脸书公司的领导层貌似什么都做对了，这个团队自然包括扎克伯格、桑德伯格和以受尊重的首席财务官戴维·艾伯斯曼为代表的其他人。那时的脸书，月活跃用户数达到9亿，是一家有利可图的企业，首次公开募股路演实现了超额认购，是美国最大的首次公开募股。

在外人看来，现在的情况似乎表明他们没招了。在外人看来，这就是要完蛋的节奏。或者在扎克伯格这样的创新者心里，最糟的是，股价长期下跌会让脸书公司变得跟不上时代潮流，沦为类似于今天的惠普和雅虎之流。直到第109天，他也没有公开反驳这些看法。

本书讲述了脸书是如何走到这一步的，又是如何神奇地恢复生机的，并对它的前景加以展望：

▶第2章说明了脸书的一切是如何从马克·扎克伯格手里诞生的。

▶第3章至第12章讲的是脸书成长过程中的十大挑战：如何崛起，如何从步履维艰的首次公开募股中获得新生，如何在60年来用户媒体最重要的转型中成长为具有统治地位的企业——史无前例地出现在手机屏幕上……

▶第13章至第16章着眼于脸书未来的几个大动作，以及如果所有的雄心壮志得以实现，脸书又会发生什么。

▶第17章至第18章剖析为什么失败与脸书公司的成功如影随形，即便它本身最终也可能会分裂瓦解。

第 2 章

超越扎克伯格
——脸书完全始于扎克伯格,但不能止于此

要讲述脸书的故事,必须首先把它的主角马克·扎克伯格搬上舞台,再为他配上某些场景:一条道路和一个要走这条路的理由,一个所属的部落。在好戏开场前要讲述出身的故事,而在帕洛阿尔托和哈佛大学学生宿舍的黑客巢穴暗示着这小子的转变:纽约以北 20 英里[①]哈德逊河畔枝繁叶茂的多布斯费里,他就出生在这里的一个家庭关系亲密的中上层美国家庭,过着舒适的生活;没人会想到他会成为一个将全球的人连接在一起的人,对于生活在诸如非洲、东南亚、哥伦比亚、埃及和印度这些地方的人来说,他的创造甚至比其对美国人的意义更大。

作为杰出首席执行官的守护神,2005 年 6 月,在斯坦福大学的毕业典礼上,史蒂夫·乔布斯发表了令人难忘的演讲,他说:"(人生中有很多点)你无法通过前瞻理解其中的关联,只有后顾才能理解(它们的联系)。"

回顾扎克伯格的人生,我们得以领会乔布斯的意思:扎克伯格始终都在做同一件事情,那就是让世界更开放和更互联。扎克伯格只不过是在一个更大的范围内追求这个目标而已,他自己也承认,现在的规模如此之大,就算是他当初也没有预见到。

所以,我们要回到起点。回到多布斯费里,回到罗素街和北田大街交叉口那座树木掩映下的错层小楼,回到扎克伯格青春期前的时期。那时,爸爸刚刚教会他基本的编程知识,他编了一个简单的聊天程序,并将它称为扎克网(ZuckNet)。扎克网把扎克

[①] 1 英里≈1.61 千米。——编者注

伯格家的电脑跟他爸爸牙医诊所里的电脑连在一起，也把扎克伯格家的六口人和他爸爸诊所的人连在了一起。在多布斯费里，大家称呼他爸爸是"无痛Z大夫"。

在童年时期，扎克伯格通过互联网与家庭之外的人建立了连接，这绝对是一个有关动机和机会的故事。说到动机，那是因为一个拥有10条车道的河谷将那幢房子与阿兹利高中（Ardsley High School）和他的朋友们分隔开，这个河谷由索米尔河公园大道（Saw Mill River Parkway）和87号州际公路（Interstate 87）构成。至于机会，那是因为扎克伯格生于1984年，属于千禧一代初期的那一拨孩子，他在上层中产阶级居住的郊区长大，十几岁时，就成为首先拥有电脑并可访问互联网的那批人中的一员。电脑和互联网让那批人感到始终可与人连接，不受物理障碍和距离的限制，并且基于那种连接可以创造出什么东西。跟一般孩子不一样的特殊养育并没有妨碍扎克伯格成为连接全球的人，恰恰是这种养育造就了现在的他。

可以肯定的是，索米尔河谷没有非军事区，没有边境围栏，没有文化、经济、政治或宗教的分界线，但它让扎克伯格理解了数字连接的力量和潜力。虽然跟我们所有人一样，他也使用搜索引擎在互联网上浏览信息，但他在早期就意识到了还没有互联网工具能把人连接在一起。扎克伯格作为一个领导者和脸书作为一家公司的起源就在于对这两点的领悟。

但首先诞生的是课程搭配（CourseMatch），这是一个将哈佛学生的社交和学术兴趣挂到网上的系统，如此一来，学生们可以对一起上课的同学了解更多。不久后,他建了一个网站,发布了 500 张与罗马艺术史有关的图片,与班中的其他学生分享,大家一起凑笔记,准备期末考试(参与的学生得到了有史以来的高分)。几个月后他又发布了脸谱(FaceMash),在建站期间,他通过局域网或互联网侵入了哈佛大学 12 幢学生宿舍中 9 幢的学生数据库,下载了学生的照片,之后发布到脸谱上,要求用户按相貌为其他学生评级。这使他的软件开发之路和该网站的社交互动跨越了高雅品位的界线,还侵犯了版权和隐私权。哈佛大学将其降为试读生,并要求他向校园的女生群体道歉。然而,脸谱不仅教会了扎克伯格尊重隐私,而且还教会了他控制数据共享的主要特点。若没有脸谱的误入歧途,他就不太可能用 2004 年 2 月的那种方式在哈佛大学校园发布脸书了。

脸书征服了哈佛校园之后,紧跟着进军美国其他的大学,然后是高中学生,继而是所有美国人,脸书接着扩展至几十个国家,最终超过了 100 个国家(详见第 5 章)。因不满于只有一种方式供人连接,脸书公司开发了脸书信使,收购了照片墙和网络信使(详见第 9 章和第 13 章)。借助增长最快的脸书精简版(Facebook Lite),脸书公司开始支持那些即便是连偶尔上网的费用也负担不起的人,借助于卫星、波音 737 大小的遥控飞机和激光器等设备,它现在甚至在没有互联网的地方也能实现连接(详见第 14 章)。

这一段连接无数人的旅程始于在自己家的房子里先连接上的那 6 个人。从那时起,扎克伯格根本就未曾停下脚步。回望过去,毫不夸张地说,一直努力"让世界更开放和更互联"的扎克伯格今年才 32 岁,可他已经为此忙活 20 多年了。

少数派的梦想家

在这 20 多年间,他已经成为一个极小群体中的一员。对我们来说,这个群体经营管理着消费技术公司,塑造着我们的未来,创造出让我们的生活离不开的东西,并且影响数百万乃至数十亿人的生活。像碧昂丝或蝙蝠侠一样,格鲁夫、乔布斯、贝索斯、哈斯廷斯、佩奇、扎克伯格和马斯克,他们都被叫作"抽象的人"。他们变成了我们似乎不了解的某个人,所以,我们无奈地接受媒体的报道,非常特殊的情况下,还会受艾伦·索金电影的影响,它们会用一种非常简单的白描手法向我们解释他们是些什么样的人:偏执、善辩、专注、反叛、思想深奥和不擅社交的梦想家。

他们在我们的电脑里安装了微处理器,然后,竟然还要让我们注意里面装的是什么。他们激发了个人电脑的问世,迎来了以苹果手机为代表的消费技术最广泛的变革。他们从在车库里卖书开始,进而为我们建了一个什么都卖的商店。他们让我们对搜索结果的质量感觉"运气很好",并推出了一个现在 80% 的智能手机都在使用的操作系统。他们让我们想看到什么就能看到什么,这首先打败了大片,其次打败了传统电视节目。他们写下三个步骤的计划,要在一个世纪之内建成第一家新上市的美国汽车公司,开始生产电动汽车中最畅销的车型,不可思议的是,他们竟然收到了近 40 万辆的预订单,而当时,他们连一辆成型的车都没有。

他们每天将 10 亿人连接起来，并认为这只不过刚刚开始。

他们都很独特，但有三个意味深长的相似之处（除了一个令人遗憾的相同点，他们都是白人男性。除了谢丽尔·桑德伯格写的《向前一步》之外，对于所有还需要写的书而言，这仍是一个重要的主题）：

1. 他们愿意为达成一个无法实现的使命而不断地奋斗。他们追求的目标是大格局的长期改变，因此受到了怀疑和嘲笑，最终也遭遇了竞争。面对来自外部的反对和内部的困难，还要朝着一个尚不存在的东西不断地取得进步，这会让很多普通的领导者筋疲力尽，但在这个群体中，情况恰恰相反。在"创建推动人类发展的思维工具"方面，史蒂夫·乔布斯实现的最大突破在他第一次尝试之后的 30 年才到来。在第 30 年，杰夫·贝索斯才"创建了地球上最以客户为中心的公司"。在拉里·佩奇开始以"整合全球信息，供大众使用，让人人受益"为使命那一年，当时出生的孩子现在到了等待大学录取通知书的年龄了。让世界更开放和更互联的扎克伯格和加速世界向可持续能源的转变的埃隆·马斯克到了履行其使命的第 20 年，这也不过是刚刚热身而已。

1961 年 5 月 25 日，在美国国会面前，新当选总统的约翰·肯尼迪提出"这个 10 年结束之前，美国应致力于实现人类登月并安全返回地球的目标"，从而赋予"使命"以定义。不无悲哀的是，绝大多数企业没有使命，我们觉得企业必须要有使命，却难以写出催人奋进的使命宣言，即使有也没有那么高远，达不到肯尼迪向月球发射探测器那种"激荡男男女女心灵"的程度。只有少数企业可以超越它。这些"可达成的无法实现的"使命非常大，不满足于只设定一个为期10年的目标，以至它们可能永远不会被完全实现，只不过是在维持供应商和用户信心方面发挥了作用。它们无时无刻不在吸引人才和定义公司文化，而不只是在季度全员大会和年度股东大会时才起作用。（只有当所有人彼此自觉自愿地谈论使命时，你才会有一个伟大的使命；如果人们口中仍然说的是"收入"、"利润"或"股东"这些词，你的使命也绝对称不上"伟大"。）

2. 他们是"聪明又愚蠢的"幻想家。 他们看到了其他人看不到的东西。或者更恰当地说，看到了其他人没放在心上的事情。愚蠢的想法就是瞎驴撞槽，没有成功的可能；每个人都能看到的聪明的想法势必引起你争我抢。也就是说，远比其他想法都重要的想法是聪明的，却被认为是愚蠢的，等到大家有所反应，意欲竞争时，为时已晚。

做一个聪明的傻子有多难？你必须抢在其他人之前先看到，面对巨大的不确定性，还要信心满满、毫不犹豫地继续前进，而且，在其他人做到之前先要做到，然后，如果你想确保自己的优势，还得坚持下去，因为起初被视为愚蠢的聪明想法最终会不证自明。在第一个网页浏览器问世之前20年，你必须能看到微处理器能将用户需要的互联网扩展至个人电脑和服务器所带来的机会。在1997年个人电脑还没有需求时，你就要看到它的市场；在1994年用户认为在互联网上输入自己的信用卡号蠢得发疯时，你就要看到利用互联网平台开展电子商务的商机；在1997年众人拥向数以千计的百视达商店（Blockbuster）租影碟时，你就要看到一家叫网飞的公司腾飞的可能，当时它打算通过互联网传送电视节目；在1999年雅虎搜索引擎完全占据了同类产品的市场时，你就要看到一定会有更好的搜索引擎出现；在2004年领先的社交网络只有几百万用户时，你就要看到连接数十亿人的社交网络的影响力；在2007年移动设备还是按键输入，并且被当成高端产品一年只卖出几百万台时，你就要看到在你口袋里的一块玻璃板就能连接到每个地方的每个人；在2012年，在世界上最大的几家汽车制造商研发电动汽车惨败几十年之后，你就要看到电动汽车是同类产品中最有前途的。

3. 他们培育以产品为中心的美第奇研究院（Medici Academies），以吸引最好的创建者。 他们追求的各种使命的成功取决于其产品的质量，而且取决于这些产品制造者的素质以及他们制造产品时用的方法和迫切性。对于什么可让未来更加美好，这些领先者有着非常深刻的认识。他们安排时间招聘最优秀的人，跟他们携手并肩创造那个未来。

大约在1450年，即美国硅谷出现之前500年，佛罗伦萨的僭主科西莫·德·美第奇（Cosimo de Medici）开始建造各种基础设施，为文艺复兴时期佛罗伦萨最聪明的人提供赞助，主办柏拉图学派的讨论会，这种做法一直兴盛到科西莫的孙子洛伦佐（Lorenzo）掌权之后。洛伦佐在1469—1492年执政，上任伊始才20岁，大约为扎克伯格开创脸书的年龄。美第奇家族将启用他们那个时代最有才华的"创建者"，包括米开朗琪罗、达·芬奇和波提切利。他们创建美第奇图书馆等支持性资源，设定和追求一种愿景，即人文主义，它注重人类的能动作用和科学，而不是"天启"。他们还前瞻性地投资基础架构建设，包括成立建筑委员会。

　　美国硅谷巨头现在正在做同样的事情，原因在于，尽管人是公司最大的资产，但说得更精确点，其实比例最低的那部分最优秀的人才是公司最大的资产。史蒂夫·乔布斯说过，"杰出的创建者比普通创建者的价值平均高出 25 倍还要多"。扎克伯格则说过"相差 100 倍"的话。马克·安德森认为 5 个杰出的创建者抵得上 1 000 个普通的创建者。比尔·盖茨曾经说过他们的价值要比一般人高出 10 000 多倍。尽管他们每个人都知道自己的评价并不科学，却清楚地表达了这些传奇领导者吸引最优秀的人才的意愿有多么强烈。

　　在 2016 年致亚马逊股东的信中，杰夫·贝索斯描述了这种效应对企业的巨大影响：

> 棒球比赛和企业之间的区别是棒球比赛的成绩是截尾分布。当你挥棒时，不管你与球衔接得有多好，你的跑垒最多得 4 分。在企业中，当你走近本垒板，也就是说当你采取行动时，偶尔会得 1 000 分。企业回报的长尾分布说明了胆子要更大一些的重要性。

　　没有最优秀的人才，大胆也是不可能的。对于最优秀的人才来说，问题不在于他们在哪里工作，而是他们希望在哪里工作，他们在何处可以做最吸引他们的事情，对人和世界可能产生最大影响的事情是什么。需要记住的是，对于这些"超乎寻常的创建者"来说，他们的努力往往更多是受情绪的驱使，不只是参与，而更接近于一种强烈的冲动。

情况就是这样：想要取得惊人的成功，所需无非是做一个聪明而愚蠢的梦想家，愿意不断地达成无法实现的使命，培育一个以产品为中心的美第奇研究院。这个群体成员十分罕见、价值非凡。截至2016年5月，世界上6个最有价值的公司中有4位这样的领袖：排名第一的苹果公司，排名第二的字母表公司①，排名第五的脸书公司，排名第六的亚马逊公司。最近40年来，这个群体成员中只有8位经营消费技术公司：格鲁夫、乔布斯、贝索斯、哈斯廷斯、佩奇、扎克伯格、马斯克和优步的首席执行官特拉维斯·卡兰尼克。

你可能会认为这个来自多布斯费里的孩子没有多大机会加入这个群体了，如果在加州门洛帕克的脸书公司总部里看到他的言谈举止，你尤其会有这种想法，但事实上，他成了其中的一员。

---

① 2015年8月成立的Alphabet是谷歌公司的母公司，意为"字母表"，之所以选择这样一个单词作为名称，是因为谷歌公司内部的项目名称已经涵盖了从A到Z的26个英文字母，每个字母都对应有谷歌项目。——译者注

超越扎克伯格

然而，就像你看到所有《时代》杂志的年度人物时想的那样，看着扎克伯格，你只想知道自己如何才能超过他。学会扎克伯格所做的事情几乎是不可能的——愿景和直觉是难以被教出来的。

不过，他做事的方式我们是可以学的。扎克伯格全身心地、始终如一地、实事求是地致力于脸书的使命。他决心推动变革，而不是证明自己正确，其他人不正确。要做到这一点，或者说真正做到这一点，你不能只是看到某个宏伟的目标，你要无所畏惧地、不受影响地不断奔向那个目标。在局外人看来，因为显然对他们的信号没有任何反应，你看上去会很天真，甚至是傲慢，会被贴上"妄想狂"的标签，甚至被人认为是"社交功能失调"（这要感谢艾伦·索金）。如果你能摆脱这些判断，当然，有时这要凭个人的感觉，若如此，你就为最难的部分做好了准备，并掌握了找到你内心那个扎克伯格的关键：行动胜过说教。

虽然扎克伯格跟其他人一样对自己的使命充满热情，但他不是传教士，而是实干家。在公司内部和公开场合，他更愿意示范，而不是讲给别人听。自从开发出扎克网和脸书以来，其他人都在观察、等待或既观察又等待，他则一直在做。

脸书公司的设计师曾提出过这样一个问题："如果你心无畏惧，那会做什么？"脸书公司把它制成了海报，在大学校园的周边贴得到处都是。为了向脸书员工展示海报上的问题对扎克伯格而言意味着什么，扎克伯格冒险投入数十亿美元，以促进世界各地互联互通,并花费数年时间与照片墙和网络信使的首席执行官培养出情谊,然后将两家公司收至麾下,以便为脸书的未来保驾护航。但他极力主张的产品偶尔也会失败,而且人人皆知(就看你的了,Facebook Home[①])。

虽被公认为年轻一代的技术领袖,他却不断地寻求先于他出现的领袖的帮助。他会跟安迪·格鲁夫会面探讨执行的意愿,与杰夫·贝索斯探讨如何培养长远的眼光,跟比尔·盖茨探讨如何用数千亿美元做有影响力的慈善事业。即使在组织结构上能够控制脸书公司的董事会,他仍然招募具有挑战性和非常固执己见的思想领袖,如创业家、风险资本家、提出"软件正在吃掉世界"这一观点的马克·安德森,贝宝(PayPal)的老大、风险资本家、未来学家和逆向投资者彼得·蒂尔,网飞公司的首席执行官和以前的电视杀手里德·哈斯廷斯,以及曾经拥有《华盛顿邮报》的唐·格雷厄姆。

为了提升人的潜能,他可不是只在门洛帕克小学里说说而已。他的妻子普莉希拉·陈是旧金山的一位儿科医生,他俩已经跻身于捐款最多却最年轻的慈善家之列,为纪念第一个女儿麦克丝(Max)的诞生,2015 年,他们承诺将逐步卖掉在脸书公司持有的 99% 的股份(时值 450 亿美元),再捐给陈和扎克伯格创始

[①] Facebook Home 是脸书推出的一款手机应用,可以改变手机主屏。——编者注

公司①，致力于推动世界的平等和提升人的潜能。就像年轻的盖茨在担任微软首席执行官时，成立了影响巨大的比尔和梅琳达·盖茨基金会一样，这是影响最为深远的善举之一，表明了扎克伯格学得较快的能力和敢于冒险的倾向，并且尽可能早地确定了他未来要走的最合适的道路。

为成长为一位行业政治活动家，他已经改变了很多，从与文克莱沃斯兄弟打官司时就用户隐私权发表令人遗憾的评论，穿着睡衣跟风险资本家开会的十几岁少年，到在联合国会议上就全球网络互联互通发表演讲，并尽地主之谊地招待印度总理纳伦德拉·莫迪，而这些活动全都发生在 2015 年 9 月的几天之内。

为了拓宽和深化他对世界的认知，在脸书的全球影响力历史性地提升期间，2015 年，他宣布了一项一年读书计划（A Year of Books），决心每两周读一本书，这些书包括瓦茨拉夫·斯米尔的《能源：新手指南》(Energy: A Beginner's Guide)、德隆·阿西莫格鲁和詹姆斯·A. 罗宾逊的《国家为什么会失败》(Why Nations Fail: The Origins of Power, Prosperity, and Poverty)、米歇尔·亚历山大的《新种族隔离主义：色盲时代的大规模监禁》(The New Jim Crow: Mass Incarceration in the Age of Colorblindness)，以及达里尔·柯林斯、乔纳森·莫多克、斯图尔特·卢瑟福和奥尔兰达·鲁思文的《穷人的投资组合：穷人如何靠每天 2 美元维持生活》(Portfolios

---

① 扎克伯格不是慈善捐赠股份，而是卖掉之后，再捐给陈和扎克伯格创始公司（Chan Zuckerberg Initiative，CZI），而且，他们管理 CZI 的方式是以基金的形式运作，但以公司的形式管理。所以，CZI 不是基金，而是公司。——译者注

of the Poor: How the World's Poor Live on $2 a Day），并与该计划近 70 万的追随者就这些书中相关的议题展开积极的讨论。

陈的爷爷奶奶是中国人，为了更好地融入这个大家庭，也更了解这个世界上人口最多的市场拥有的文化和商业，他花了 5 年时间学习普通话，并在清华大学全程用中文发表演讲，而且成为该校经济管理学院的顾问委员会成员。

他认为脸书公司的新视频直播产品很有价值，为了证明这一点，他邀请时任总统巴拉克·奥巴马、喜剧演员杰瑞·宋飞和国际空间站的宇航员等人加入自己的脸书账户，连同其 7 000 万粉丝欢聚在一起观看直播，并且吸引的观众比绝大多数电视节目还要多。

为了勇于面对公众演讲给自己带来的不适，他于 2008 年开始在全公司范围内每周举办一次有问必答活动，他比较喜欢难以回答的问题，时至今日，这仍然是脸书的文化核心。

正当我们以为被用来形容史蒂夫·乔布斯的著名的现实扭曲力场会成为未来所有变革者的衡量标准时，扎克伯格为我们提供了一种方法，这种方法在普通人看来可能略显笨拙，但在效力方面却丝毫不输乔布斯。不管是身体力行，还是通过脸书网站或其他方式，扎克伯格是通过"做"把自己推崇的东西传递给其他人，而不是像在主题演讲中那样只是一味地"讲"。扎克伯格不是乔布斯、奥普拉·温弗瑞或比尔·克林顿，他的脸书公司不会依赖和服务于单个人，所以不太可能搞"个人崇拜"，脸书公司更像是"使命狂徒"，它的员工（入职仅一周，却要为脸书的 1 亿用户修补产品代码的实习生）、合作伙伴（类似异视异色和嗡嗡喂这类基于脸书的分布而建立的全新媒体公司）和用户（从埃及激进主义分子到范·迪塞尔及其 1 亿粉丝，再到东南亚重塑商业模式的微型企业，从欢乐的楚巴卡老妈到极度惊恐的戴蒙德·雷诺兹）都可以看到扎克伯格的做法，他们不只感受到自己是这个群体的一分子，还感觉能为改变世界做出努力。

第二部分

回归商业常识

	2004	2005	2006	2007	2008	2009	2010	2011	2012	2013	2014	2015	2016
关键事件 产品			动态消息		iOS应用程序	"赞"按钮		信使应用程序	动态消息中的广告				反应按钮视频直播
关键事件 公司	创立		拒绝雅虎的收购					收购照片墙股票上市	收购色拉布失败		收购网络信使和傲库路思		
关键数字 脸书网每月用户量（年末）	>1M		>10M		>100M		>500M		>1B		>1B/d		>1.7B
关键数字 年收入					2.7亿美元		20亿美元		51亿美元		125亿美元		270亿美元（预测）
第3章 脸书的原动力			■			■							
第4章 永远对用户诚实				▬	▬▬▬▬▬▬▬▬▬▬▬▬▬▬▬▬▬▬▬▬▬▬▬▬▬								
第5章 10亿日活跃用户数					▬▬▬▬▬▬▬▬▬▬▬▬▬▬▬▬▬▬▬▬▬▬▬								
第6章 3年创造100亿美元					▬▬▬▬▬▬▬▬▬▬▬▬▬▬▬▬								
第7章 技术的使命是帮用户提高效率							▬▬▬▬▬▬▬▬▬▬▬▬▬▬▬▬▬						
第8章 与谷歌对战					▬▬▬▬▬▬▬								
第9章 脸书的自我颠覆								▬▬▬▬ ▬▬▬▬▬					
第10章 耐心的力量							▬▬▬▬▬▬▬▬▬▬▬▬▬						
第11章 脸书如何赢得人才大战					▬▬▬▬▬▬▬▬▬▬▬▬▬▬▬▬▬▬▬▬▬▬▬								
第12章 脸书称王									▬▬▬▬▬▬▬▬▬▬▬				

本书后续章节涉及的脸书公司的时间轴、关键事件和关键数字

第 3 章

脸书的原动力

常识一

守住产品的底线

背景：创建需要超强的毅力才能不断地贯彻执行。决定是单打独斗，还是成为更大的组织的一部分，需要对公司的发展历程有清晰的理解，这样你才能拥有坚定的意志。

脸书的应对之策：扎克伯格对自己和脸书充满信心，他认为脸书能够成长为一家独立且兴盛的上市公司，所以，他放弃了被人收购的机会。他绘制蓝图，然后切实追求这个愿景，那就是用10多年的时间让世界更开放和更互联。开始时这还只是他自己的想法，后来变成了整个公司的底线和共识，最终呈现在世人的面前。

引人深思的问题：你正在创建的是一种功能、一个产品、一个公司，还是一种使命？

2009年夏天成了硅谷过去和未来的分水岭，当然，我也开始告别过去，迎接未来。

从1992年到2008年，我一直在英特尔公司工作，而且，从1999年至2001年，我直接听命于前首席执行官安迪·格鲁夫。2009年1月，在经历了商业和工程负责人以及桑德伯格和扎克伯格的几轮面试之后，我跳槽去了脸书公司。当我分别征求格鲁夫和扎克伯格的意见，看他们是否有兴趣见一面共进午餐时，二人均表示同意。

脸书公司那座与众不同的办公大楼位于帕洛阿尔托南加州大街的南头，毗邻居民区。我们来到其后面的一个小院，并在露天小院其中一个桌子旁坐下。在脸书公司内部，大家都亲切地称这幢有50年历史的大楼为"1601"，不仅因为它的门牌号是1601，更重要的是这里是所有脸书人的家。直到2011年，整个公司才搬进门洛帕克附近更大而且不断发展的园区，自那以后，这个地方被夷为平地，以便为更高的大厦腾地方。而它承载了我们许多重要的回忆：挺过隐私危机，建立客户关系，实现前所未有的增长，打败谷歌，赢得关乎生存的竞争。

格鲁夫72岁，他是硅谷的一位传奇人物。英特尔公司比任何公司都有资格赋予该地以"硅谷"之名，是它生产的微处理器让个人电脑和经济高效的服务器得以运行，而因为它们的存在，互联网才得以产生和发展。格鲁夫正是这家公司的联合创始人、首席执行官兼董事会主席。当我们说硅谷是建立在巨人肩膀上时，这个巨人就是格鲁夫。2016年3月，他与世长辞，他的去世宣告了一个改变世界的时代的结束。

扎克伯格25岁，是正处于上升期的新人，他想创建的服务与规模都以格鲁夫的遗产为基础。

这次会面堪称老兵见新兵，一方是已经让10亿台电脑连接起来的沙场老将，另一方则是正准备基于这些电脑让10亿人连接起来的初生牛犊。

谈话伊始，两个人慢慢地打量彼此，轻松地客套寒暄，并略致久仰之意。格鲁夫试图确定与他共进午餐的这个人出现的合理性，众所周知，他的眼光是很高的。这种事我见多了，10年前，他曾与几十个人有过类似的一对一会面，比如亚马逊的杰夫·贝索斯、雅虎的杨致远、谷歌的拉里·佩奇和谢尔盖·布林、易贝的梅格·惠特曼和响云公司的马克·安德森和本·霍洛维茨，他都是如此处理的。相反，扎克伯格则设法寻找自己与格鲁夫的共同点，格鲁夫写的《只有偏执狂才能生存》被称为管理圣经，是自尊自重的技术领导人的必读书，扎克伯格在此书中品读过这位政治家，现在这个人就坐在他的面前！

几分钟过后，格鲁夫按捺不住了，于是开门见山地问道："你怎么回绝了雅虎的10亿美元？"直奔主题并非不尊重或轻描淡写，相反，这让他们开启了两人都感兴趣的话题。

雅虎的10亿美元

若要理解格鲁夫的问题，有必要快速说明一下背景。脸书公司成立的最初几年，多次碰到算是收购的要约。2004—2007年，一连串的"求婚者"找上门来，传言先后有交友网（Friendster）、谷歌、《华盛顿邮报》、维亚康姆、聚友网、新闻集团、维亚康姆（第二次）、美国全国广播公司（NBC）、维亚康姆（第三次）、雅虎、美国在线（AOL）、雅虎（第二次）、谷歌（第二次），最后是微软，以某种方式收购了脸书。人们谈论最多的是雅虎在2006年6月的出价，据说一开口就是10亿美元。

彼得·蒂尔是贝宝的前核心创立者，也是脸书最早的外部投资人，当时是风险资本家和脸书的董事会成员，他回忆起2006年7月他和同为风险投资家的同行吉姆·布雷耶以及时年22岁的扎克伯格开的那次董事会会议，会议的目的是讨论一个10位数的收购报价，当时脸书公司成立刚两年，用户只有八九百万，年营收2 000万美元：

> 总而言之，布雷耶和我认为应该拿钱走人。但是，会议一开始，扎克伯格却是这样说的："这是走形式，只是开一次董事会短会，不会超过10分钟。显然我们不会就这样卖了。"扎克伯格的理由是脸书还有很多事要实现，他希望有机会打造那些产品（脸书正要向大学校园之外开放，并发布"动态消息"）。对于未来，（雅虎）没有确切的想法。他们对尚不存在的东西没有办法给予适当的估值。因此，他们低估了公司的价值。

从之后脸书十来年的成功看，我们必须承认扎克伯格的决定有其先见之明（根据 2016 年的市值判断，雅虎当时的报价不过是 1/300）。然而，当时还年轻的首席执行官及其董事会广受质疑，舆论更是一片嘲笑之声。

意志力

正是这种嘲笑促使格鲁夫问了这个问题："你怎么回绝了雅虎的 10 亿美元？"

即便在拒绝收购 3 年之后的 2009 年，它仍然是一个起决定作用的、可能还有些敏感的问题，因为尚未有事实证明扎克伯格的决定完全正确。2008 年，随着中国投资者李嘉诚投入 1.2 亿美元，脸书的估值已经达到了 150 亿美元。2009 年初，由于二级市场的交易惨淡，它的价值足足减少了 80%，降至 31 亿美元。当时，脸书的全球月活跃用户数刚刚超过 2 亿，与美国的聚友网仍然难分伯仲。还没有人能看出 3 年后脸书首次公开募股最终会达到 1 000 亿美元。

然而，扎克伯格意识到，格鲁夫之所以问这个问题，并不是出于批评，而是想了解扎克伯格真实的想法。扎克伯格也发自内心地给出了答案。

他说："我就是认为我们能做到。"他指的是发展成规模更大的公司，最终以具有较大投资价值的公司成功上市。

也许扎克伯格的回答貌似自大，尤其是当与之交谈的人的成就远超他当时所及时更显得如此。格鲁夫却看到扎克伯格没有花架子，没有傲慢，也并非对摆在前方的困难缺乏了解。凭此回答，一位有远见和意志力的首席执行官认识了另一位同样有远见和意志力的首席执行官，只不过这种结识几乎跨越了两代人的鸿沟。就在那一刻，两人不再有距离，火炬从一个硅谷时代传递到了另一个硅谷时代。需要补充的是，扎克伯格高擎火炬继往开来，第二年，他被《时代》杂志评选为年度人物（1997年，格鲁夫获得过此荣誉）。截至2016年，脸书的价值继续高歌猛进，让2000年英特尔曾经达到的最高值黯然失色（这还没有考虑通货膨胀）。

出于好奇，格鲁夫接着问了一句："这种意志力从何而来？"

扎克伯格可能是第一次考虑这个问题，只是简单地总结道："我的犹太妈妈。"

格鲁夫微笑着表示认可，身子舒服地坐回到椅子里，两个人会意地默默点头。此时此刻，他俩都体会到了"犹太妈妈"的重大意义，因为格鲁夫的母亲对他的一生起到了特别大的作用，在他小时候尤其如此。他成长在匈牙利的犹太人家庭，在20岁几乎身无分文逃往纽约之前，他经历了法西斯专政、德国军事占领、纳粹大屠杀、布达佩斯战役和各种政权的镇压，幸存了下来。在其自传《游向彼岸》的献辞中，格鲁夫描述了母亲对他的深远意义："献给我的妈妈。她赐予我生命，而且不止一次。"

值得庆幸的是，扎克伯格的成长过程没有格鲁夫遭遇的那些极端冲突和战争，但两个人都从母亲对他们的塑造和跟母亲的关系中找到了共同点，母亲赐予他们意志（以及顺应性、毅力和决心），这是一种永不休止的可再生的内在资源。

功能、产品、公司或使命?

当会面结束,我们从格鲁夫、扎克伯格和 1601 号后面的露台退出来,事情变得很清楚了,用彼得·蒂尔的话说,差不多"那些最成功的企业对未来都有一个非常不同于现在的设想",但光有大胆的愿景还不够,你必须知道何时保持那种坚定不移实现愿景所需的意志力。

用不到一年的时间可以开发一种功能,比如聚合社区(FriendFeed)或立体封面(CoverFlow),可以创造数千万美元的价值。用一年或两年略多的时间,你可以创造出一种产品,比如苹果的智能语音助手西瑞(Siri)、安卓操作系统(Android)或照片墙,如我们看到的那样,其价值高达 10 亿美元。打造一家像领英(LinkedIn)或德国的思爱普(SAP)这样的公司需要很多年,却可以创造数百亿美元的价值。然而,确立一种使命则需要几十年的时间才有可能创造数千亿美元的价值,比如,跟脸书公司一样,特斯拉用了十几年的时间,谷歌差几年就到 30 年,亚马逊用了 20 多年,苹果则用了 40 多年(见表 3-1)。

表 3-1 不同经营目标所需要的时间和可能创造的价值

	时间	可能创造的价值
功能	数月	数千万美元
产品	一年	数亿美元
公司	数年	数百亿美元
使命	数十年	数千亿美元

可是，你的瞄准点设定得越高，所需的努力就越多，花费的时间就会越长，时日的增加只会徒增疲劳。持续的时间越长，你就越有可能成为自己的成功和一种可怕结果的受害者，之所以可怕，在于你认为"如果总是做总是在做的事情，就总能得到总能得到的结果"。够好并非真的好，一味地想好事，它也不会发生，若不经过精心规划，没有持之以恒追求大目标的意志力，没有人会成功。

是开发一种功能，还是开发一个产品？是成立一家公司，还是确立一种使命？这个问题没有"正确"答案。创新的规模和时间没有必然的规律，成功也有很多的定义。然而，在评估你和你的想法最适合哪些目标时，你真正需要什么则是诚实而清晰的。你无法几年之内确立一种使命，也不能花费数年的时间打造一种产品。

扎克伯格的视野是清晰的。蒂尔和布雷耶是最受扎克伯格尊敬的顾问，他们倾向于让脸书走一种纯产品的路子，在2006年7月脸书公司召开董事会会议期间，他俩提醒扎克伯格：如果接受雅虎的收购报价，他个人就能赚2.5亿美元。扎克伯格说他只会用这笔钱创建另一个社交网络，但他喜欢已经建立的这个。早在2006年，扎克伯格就确定无疑地将目光投向了需要努力数十年之久的那个使命，即让世界更开放和更互联，借用格鲁夫自传的书名和意旨，自那以后十来年，扎克伯格证明了自己有"游向彼岸"的耐力。

你的着眼点在哪里？

第 4 章

永远对用户诚实

常识二

不断提升用户对产品品质的感受

背景：每个人口袋里的一个小屏幕可以随时随地连接到所有人，你的用户最需要的不再是更多的东西，而是更少却更重要的东西。

脸书的应对之策：脸书推出了动态消息，还有可以从你所关心的人那里精选内容的重要算法，而且 10 年以来，一直保持警醒，不断提升用户对动态消息的品质感受，即使在脸书的规模增长了 100 倍时也不松懈。

引人深思的问题：你正在让世界的哪一部分更容易被用户理解呢？

说到了解世界的滤镜，没有谁比克里斯·考克斯责任更大的了。

如果马克·扎克伯格是脸书的大脑，首席运营官谢丽尔·桑德伯格是其心脏，那么，首席产品官考克斯就是其灵魂。他对发展中国家2G手机用户的关心（考克斯的妻子维斯拉·威奇–瓦达肯是电影制片人，她是泰国某政治学家、历史学家和小说家的孙女），丝毫不亚于他对旧金山的早期用户朋友，以及他在伊利诺伊州温尼卡镇当英语老师的妈妈的关心。

他对脸书人及脸书的产品至关重要，以至进入公司都已经十几年了，他仍旧负责脸书公司新员工每周入职培训的最重要环节：讲述脸书"让世界更开放和更互联"的使命。毫不夸张地说，这种话他向员工和用户已经讲过数百次了，单是我听他讲也至少有十几次了。时至今日，他的讲述还跟以前一样动人和意义重大，因为他抑制不住自己的热情，决心要让科技为人类做一切可能之事。脸书公司和其他公司创造的成果是媒体发展速度和规模自然扩展的结果，这种媒体可追溯至谷腾堡印刷机和语言本身，以及考克斯最喜爱的有远见卓识的马歇尔·麦克卢汉所设想的未来。在互联网和万维网出现之前30年，马歇尔就因为预见到了它们的形式而为人所知。

倾听考克斯的讲述，人们才明白今天人们用智能手机、脸书等其他科技产品所做的事在20年前还被认为是科幻小说里才有的事。他对让人互联的兴趣如此浓厚，以至会议结束时，你会感觉这正是你想要参与其中的事情，但讲述使命这种事，若是交给不合适的人来做,那就会让人觉得平淡乏味、好高骛远。

早在 2005 年,考克斯就与这一使命联系在了一起。那时他正在脸书公司附近的斯坦福大学读研究生,研究人工智能和自然语言处理技术。在当时的室友和脸书早期员工埃兹拉·卡拉汉的催促下,考克斯骑着自行车很随意地来到脸书设在帕洛阿尔托还很随意的办公室。他认为这个新贵很可能不适合自己。不过,几轮谈话下来,扎克伯格的几位共同创始人都在讲脸书让人互联的机会远远超出当时公认的学院网站。在听到如此的描述后,考克斯最终给他妈妈打了电话,告诉她自己要加入脸书,当一名软件工程师。一年后,他和团队开发并发布了脸书最重要的功能:动态消息。

"脸书之所以是今天这个样子,完全是因为你。"在考克斯入职脸书十周年的庆祝大会上,洛丽·戈勒说出了这番话。自从 2008 年考克斯重掌产品开发业务之后,洛丽就是脸书的人事副总裁,用她这句话来形容考克斯对脸书的影响再合适不过了。

超越预期的动态消息

虽然考克斯广受欢迎,他第一次发布的重要产品却没有受到热捧。2006 年,随着大学生受众的增加,脸书规模在扩大,已经拥有 600 万用户。但是,产品团队也观察到脸书用户随意地点击其他人的个人资料,生成了数量惊人的数据(其中包含了很多至关重要的经验教训),但用户无法获知他们最想知道的问题的答案:"发生什么事了?"

脸书本来有机会成为用户的生活搜索引擎,却错过了。

只有让人感兴趣的信息达到了在用户之间流畅传送的程度,人们之间的连接才有意义,基于这种认识,"动态消息"的概念应运而生,并且不断升级。它会在你的脸书主页中大致按时间倒序显示你关注的人的最重要的活动,包括状态更新、涂鸦墙、照片及在照片中圈的人、事件、小组活动和新的联系人。它是一项复杂的技术活,甚至比谷歌搜索这类产品所要求的技术还要复杂。时不时地观察用户自建圈子的活动,确定并从普通用户每天可以获得的1 500多条更新信息中精选出大约300条进行显示,以便增强其相关性,弱化不堪重负的感觉。这需要复杂的计算,要用到数百个数据块,对用户、用户在脸书上的参与度和用户的具体连接来说,这些数据块都是独一无二的。然而,事实证明这还不是最难的事。

脸书的动态消息于2006年9月5日发布,但并不顺利。脸书第一位女工程师鲁奇·桑维在那个星期二一早宣布推出该功能后,迅速产生了意想不到的后果:动态消息达到了让用户更易于获知好友动态的目的,但在此过程中,却触碰了隐私设置的敏感问题,从而成为公众关注的焦点。这个不能触碰的"第三轨问题"[①]就是用户可以设置在整个社交网络中动态对谁可见。

---

① 铁路和电车系统应用第三轨牵引供电技术,在列车行走的两条路轨以外,再加上带电的钢轨。这条带电钢轨通常设于两轨之间或其中一轨的外侧。第三轨常用来指不能触碰的问题。——译者注

虽然动态消息尊重你现有的隐私设置，但看到那些圈出了你的照片、关系状态更新或群组评论出现在个人主页的重要位置，而不是相对不变且不显眼的个人资料，可能会让某些人感到不安。

那天下午5点，脸书的用户结成群组，反对动态消息功能，并提出要联合抵制脸书，人数多达数十万。不无讽刺的是，他们之所以能迅速集结来引起人们的关注，恰恰是受益于其所反对的动态消息的推行，大家似乎都没有注意到这一点。

到晚上10点，扎克伯格本人不得不做出回应。他的声明标题写着："冷静，深呼吸。我们听到了你们的声音。"这是他经营脸书及其社区的方法的一个缩影。他承认已经收到了用户的反馈，重申了动态消息的目的和对尊重隐私设置的承诺。作为社交网络的拓荒者和最大供应商的脸书自然要不断地忍受此类磨难，并显示出继续毫不畏惧地走向未来的决心。他知道若没有该产品服务支持的用户持续参与，也就没有人际互联的未来，至于用什么方式走向这样的未来最好，他不能因为反对的声音牺牲自己的信仰。

那周的晚些时候，脸书发布了更为细致的隐私设置办法，提醒用户如何设定，来让他们对自己发往其他人页面的动态消息进行控制。

不管怎样，这无非是含蓄地表明动态消息会继续存在。

近10年后，脸书的动态消息堪称有史以来最大的媒体之一，每分钟可以发出2亿多条消息。脸书之所以取得成功源于两个因素：一是个性化的新闻，即我的内容跟你的内容有很大的不同；二是脸书非常重视其用户的真实身份，你是谁，在脸书上就是谁。

二者好比阴和阳，相交而且互补。仅依靠与用户了解和关心的真实的人（例如交友网）相连，或是仅拥有从用户知之甚少的资源（例如推特网）不断涌来的未经过滤的消息，脸书就不会这么强大。

综合考虑，真实的身份和动态消息的结合使得脸书达到了无可匹敌的用户参与度和规模。

用户的停留时长

若说脸书的动态消息是有史以来最棒的媒体之一，你可能并不以为然。难道它真的有电视那样重要吗？或者跟电话、报纸、音乐、电子邮件和谷歌一般重要？

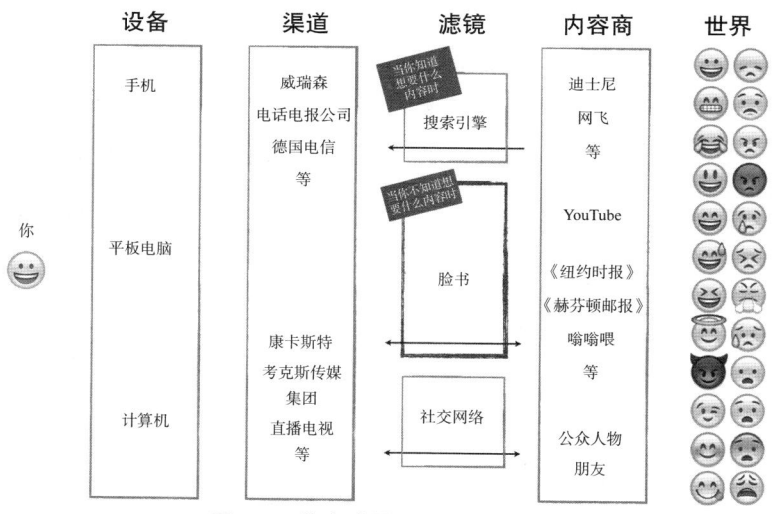

图 4-1　你和世界之间的信息波动

可能是，而且在某种程度上，它已经是了。

媒体是我们相互感知和感知世界的一种手段（还可能相互影响和影响世界）。早在 2013 年，人们花在数字媒体上的时间就开始超过在其他任何媒体上花的时间，其中就包括电视（半数成年人和 70% 的 18 ~ 34 岁的人在看电视时会上脸书），它有助于仔细观察我们是如何用数字的方式感知和影响世界的。在你和世界之间有 4 种媒体，如图 4-1 所示。

离你最近的是设备和渠道运营商，设备有手机、平板电脑或电脑等，渠道则是手机运营商或有线电视公司等。离世界最近的是从事理解和诠释世界工作的内容制造者，既有内容运营商，比如《纽约时报》、嗡嗡喂、异视异色、迪士尼、网飞或 YouTube（视频分享网站），也有内容提供者，比如公众人物马克·库班、金·卡戴珊或巴拉克·奥巴马，以及对你来说是特别重要的人：朋友。

离你最近的设备和渠道运营商多多少少可以互相替代。无论是用安卓手机、苹果手机还是电脑，通过威瑞森电信（Verizon）还是康卡斯特（Comcast）上网，这个世界并没有明显的不同。最接近世界的内容制造者有一些大角色，但没有大到足以独自对世界产生重大影响（《纽约时报》是新闻业的典范，但也只是你生活中数百个世界观察者之一）。

如今能给你带来巨大影响的实际上是滤镜，滤镜能帮你理解数字世界带给我们的信息所产生的冲击。70 年前，报纸将你的设备（纸）、渠道（报童）、滤镜（编辑）和内容（报道）整合为一体。50 年前，三个国家电视网则将渠道（无线传输）、滤镜（沃尔特·克朗凯特）和内容（记者）加以整合，而你在自己的设备（电视机）上接收这些内容。25年前，双向渠道（互联网）和交互式设备（个人电脑）的到来使得专用的滤镜不但成为可能，而且很有必要（雅虎的工商名录和随后的搜索引擎），在这种情况下，无数的内容源降为内容。然而，任何媒体都无法跟最近10年崛起的高速、无线、双向的渠道和设备（智能手机）相抗衡。智能手机让滤镜效果上升到了统治地位，尤其是这两类滤镜及其主要供应商：（1）当你知道想要什么内容时要做的事，比如搜索，在这方面谷歌拥有全球统治力；（2）当你不知道自己想要什么内容时要做的事，比如社交网络隐含的"出什么事了"，占全球主导地位的是脸书的动态消息。

正如你仍旧与网飞或你的朋友之类的"内容"有直接的关系一样，滤镜对你如何感知世界有极大的影响，事实证明这两个主要的滤镜并非同样重要。

我们每天平均利用搜索引擎3到5次，但每天平均使用脸书10到15次。"我们不知道自己想要什么"的次数三倍于"我们知道自己想要什么"。"我们不知道自己想要什么"发生的频率大约为清醒时每小时一次。

更能具体体现脸书滤镜统治力的例子就是与娱乐相关的内容：脸书是新信息的源，即它提供的是人们意识不到却与其兴趣有关的信息，使用脸书的人数几乎是使用与其最接近的数字媒体的两倍或接近三倍。

若要看动态消息滤镜对人和脸书的影响有多强大，不妨认真思考以下内容：

脸书几乎已经取代了门户网站。在脸书每天有 10 亿多用户（90% 通过手机访问）的时候，雅虎的主页（前滤镜效果冠军）只有 5 300 万的访问量（只有 20% 通过手机访问）。

互联网最为依赖的滤镜是脸书的滤镜。网站流量分析平台 Parse.ly 的数据表明，2016 年 1 月和 2 月间，经服务器追踪的脸书动态消息转发到几百家新闻网站的流量占到了 41%（在 Parse.ly 所覆盖的媒体网站总流量中，谷歌占了 39%，再次是雅虎，仅占 4%）。即使其他网络巨头也大都依赖脸书：它为 YouTube 带去了更多的流量，YouTube 月活跃用户数有 10 亿，比其他媒体都要多，YouTube 的母公司谷歌所有的信息源加起来也没有这么多。

在我们斟酌是否购买新产品时，脸书的作用巨大。在 2015 年的一项研究中，脸书的用户需求洞察团队发现：用户在为购买一部新手机而要考虑 24 天的考察期内，他们访问了 201 次脸书，使用搜索引擎搜索了 23 次，而只浏览了两次制造手机的公司网站。

动态消息除了其迷人、无边无际的特性外，能处尊居显 10 年，得益于两股巨大力量的出现。

第一，转向手机。之所以转向手机是因为这是世人最喜欢的设备。它的出现无疑是一场革命，确切地说，这种转移是随着苹果手机的推出而开始的。思科公司现在预测：到 2020 年，将有更多的人使用手机（54 亿），超过用电的人（53 亿）和饮用自来水的人（35 亿），而且是拥有车辆的人（28 亿）的近两倍。

在整个数字媒体生态系统中，说到驾驭、促使或者说鼓励

（最好的情况）这种趋势，没谁能出其右，尤其是手机具有的滤镜作用。

2006年，甚至扎克伯格和考克斯都没能预见到，动态消息中无休止垂直滚动的小窗口消息完全契合我们抓着手机并用拇指垂直翻阅的模式。人们用动态消息频繁地进行简短的互动。这样强迫性地专注于手中单一的消息栏，再加上触摸屏互动带来的流畅感，让动态消息通过连接显示的目标的抽象信息有了近乎完美的实际呈现。

从舒适的2016年回首过去，很明显，我们经历了界面的转变，从台式电脑使用的Windows窗口，转到了手机的动态消息界面。这预兆着史蒂夫·乔布斯在2007年1月发布苹果手机时展示的触摸式卷页功能将成为现实。

门户网站属于典型的桌面设计，分设有多栏和较长的目录，很难转换成适合手机的制式。2007年，脸书首先建起一个手机版网站，不过，2008年7月苹果公司推出了应用商店（App Store），但就在那天，脸书发布了其工程师乔·休伊特开发的手机应用程序，随后，动态消息变得更加迷人。据数据分析公司安亿致用（App Annie）的监测，到2015年9月，脸书继续维持全球领先，成为苹果手机下载最多的应用程序。

然而，这种受益并不是单向的。说实话，若不是动态消息非常适合手机，它照样会失败。

第二，规模效益。第二种力量与内容供应商所要面临的特有挑战正相反。对于内容供应商来说，既要自己制作内容，又要保证持续的成功，这种增长不啻一种负担，实际情况可能是既影响质量，又影响效率。无论是新闻机构，还是娱乐公司，当它们较小时，必须要在我们已经习惯了的质量水平上创作更多的内容，并且在这些工作中投入越来越多的精力，但新内容可能达不到上一个内容那样的成功，或者说存在着不能满足我们口味的风险。最终，就难以在"靠点击为生的行业"保持领先的地位。

随着更多的人使用动态消息，越来越多的人提供了越来越多的内容，而且是免费的，因此动态消息这样的滤镜更出色，也更有效率。脸书可以从每天为你提供的、数量相对稳定的消息中加以选择，固定成本在科技企业中起的作用要比每个用户的边际成本大得多，数据中心等固定成本也因为更多的人带来了更多的广告收入而被分摊。

在用户与内容匹配方面，滤镜市场有其双面性。市场因为促成匹配而得到回报，而将内容或路径引向市场不会产生任何成本。虽然谷歌受益于一个类似的双向动态，并且在市场一端拥有跟脸书同样的用户，但脸书在其市场的另一端拥有更多的内容，并且人们更频繁地进入其市场。

动态消息成为你观察世界的滤镜，虽然不可避免有其不足之处，却是一颗耀眼的新星。过去几年里，虽然脸书公司中的很多人一直在研究它，包括在脸书公司已经工作很长时间的产品经理和企业文化守护者，比如彼得·登、威尔·卡斯卡特和亚当·莫塞里，但从动态消息诞生起，考克斯才是一直养育它的父母。

做对内容负责的滤镜

　　动态消息对世界的影响真实而巨大。没错，它会想方设法向你显示你可能最喜欢的网络爆红视频。它可以改变算法，决定哪些内容可以更多地被显示，从而让某人登上国王的宝座（你好，嗡嗡喂），也可以把某个国王赶下台（再见，星佳）。但它也要承担更大的责任，因为它要对向你显示的或未能对你显示的内容负责，而不管它是否是被垃圾邮件发送者和标题所利用；不管它已经提供帮助、正忙于和已卷入的涉及所有人和国家的革命事业是什么；不管它是否给予它们足够的展示舞台，吸引世人的眼球；不管它何时通过其同伴报告工具阻止了网络欺凌；也不管什么是它还没有能力制止的。脸书明白这一点的严重性，并通过其目标和价值观明确地说明动态消息为什么存在，而不只是在网站上解释它是什么（《为你提供和你最相关的消息》《朋友和家人优先》《你的消息应告知对方》《你的消息应让人感兴趣》《所有想法的平台》《真实的沟通》《你控制体验》《持续不断的迭代》）。

　　动态消息以及孵化它的考克斯对你负有责任。而且，作为要让脸书比其他任何服务更有吸引力的产品和人，二者几乎承担着为公司谋福利的全部责任。脸书的业务及其实现扎克伯格未来愿景的能力越来越依赖很多由动态消息支持的其他脸书产品和努力，就和谷歌的开发探索型项目登月计划（Moonshots）因其搜索业务而受益，从而成为可能，是一样的。

　　为了履行这一崇高的责任，动态消息的算法及其界面和功能在不断地衍化。

早在 2006 年，仅仅了解了点击、评论、分享、隐身和举报垃圾邮件，动态消息就上线了。之后，到了 2009 年 2 月，随着"赞"按钮的登场，动态消息的功能得到了很大的提升，参与度数据（动态消息算法的氧气）较之以前只有评论时的数据，几乎增加了 10 倍，在其为世人所知的头 3 年里，其使用量达到了约 1 万亿次（没错，1 亿后面再加四个零）。

多年以来，随着脸书开始更重视用户在自己帖子上花费的时间，而不是在所有帖子上平均花费的时间，脸书发现人们的行为远比关注朋友的动态复杂。这也就解释了为什么那些不相关的帖子也会有点击，比如诱人点击的标题，让你点击一篇文章，但其内容未必跟你想看的内容有什么关系，这导致你迅速返回脸书首页，这被称为"反弹"。类似于"赞"按钮在一条消息上快速积累起来的次级效应（second-order effect），无论是不是你的朋友分享的链接，它们都会在脸书上广泛地传播开来。截至 2015 年，脸书每天的视频浏览量已经达到了 80 亿次，视频是动态消息的一个关键功能，而围绕着视频的行为已经开始对一条一条的消息快速而高质量地显示在你的动态消息中发挥作用，这些行为包括打开声音、选择高清模式或全屏观看等。

除了默默地观察用户之外，脸书也开始让人直接参与评估他们的动态消息的质量。脸书调查了成千上万的用户，看他们真正喜欢看什么样的动态消息，以及有什么明确的原因会让用户取消关注某些人和事，以避免看到它们出现在自己的动态消息里。脸书还可以让用户首先看到他们想看的人的帖子，而少看某些人或事的帖子。

当帖子来自你连接的某个网页，而不是来自你连接的某个朋友时，脸书为了照顾你对帖子和其来源的反应，构建了复杂的洞察工具。脸书限制了某些推广性的图片和文字，甚至设定了规则，以免某些低质量的内容充斥网络，引发用户不满。

脸书在算法处理上也有其微妙之处，若是举个例子，不妨考虑一下它在 2016 年 6 月发表的声明：来自朋友和家人的内容比来自出版商和企业主页上的内容优先级更高。这与动态消息"朋友和家人优先"的价值观相一致，这种算法就会导致下面这种情况出现：相较于《纽约时报》自己分享的链接，若你朋友分享了相同内容的链接，其优先级就会大增。变化是显而易见的，我会考虑点击自己朋友分享的内容链接，而不是原创者的链接，即便我也在脸书上关注了《纽约时报》，我也不会优先考虑它。这也对出版商和企业的无偿信息发布行为产生了潜在的消极影响，有可能让这些参与者对脸书在它们心中的价值大打折扣，进而不再看重其脸书的平台价值。脸书不得不继续相信：对用户有利的总是会对平台及其所有参与者有利。

只做到这样脸书还是不足以成为你观察这个世界的最重要的滤镜，因为有时你点"赞"一张婴儿照片，只是出于一种社交上的义务，带有强迫性，而不是因为真的喜欢，并且不希望（因此也不应该）在你的动态消息中显示更多的婴儿照片。因此，2014年，脸书公司开始让其用户参与"反馈质量小组"，在田纳西州诺克斯维尔的一座办公楼里，数百人开始了试点击。他们像承包商一样投入工作，每天就他们在自己的动态消息里看到的内容，更重要的是他们真正想要看到的内容提供大量的定量和定性报告。他们对应用中的几十条动态消息按照从 1 分到 5 分打分，指出他们最想看到的内容和希望的呈现方式。该小组非常有价值，因此，自那以后脸书在全世界流行开来。

随着这些新信号都被转化成算法的改进，脸书将这些改变在其庞大的用户群中谨慎地推出。

此事从离线模拟开始，然后在脸书数千名员工中进行测试，再然后是对一小部分用户进行测试，通常是 1%，最后才是全部开放，不过，即便在那时，之前版本的算法中仍保留了一个所谓的对照组，用它来继续评估算法改进的影响。这是一个大工程，动态消息团队日夜不停地分析动态消息数据，包括用户参与度和在线时长，他们发现任何问题都会发出警报。

除了不断优化动态消息的内容筛选功能，该团队也在不断地寻找优化内容，甚至提升用户视频直播能力的方法，内容包括状态更新、照片、视频、全景视频等。视频直播则对公众和名人很有吸引力，这些人可是脸书希望在其平台上保持活跃的用户，而不希望他们流失到推特旗下的潜望镜（Periscope）或色拉布（Snapchat）等网站。脸书甚至可能引着你在动态消息里看电视，包括美国橄榄球联盟的比赛，以及引导你回应和评论某些内容的方式。

就用户所见的内容和参与方式来说，2016 年都是一个重要的时刻，因为脸书公司推出了即时文章（Instant Articles）和表情符号（Reactions）。

"即时文章"是一个将其他网页上更丰富、更具交互性的内容直接导入用户的脸书动态消息中的内容发布平台，并且比用户习惯的移动设备速度快得多，因为在用户回应和评论帖子的内容之前，该内容已经在脸书系统中存储好了。即时文章首先是通过脸书的移动新闻阅读应用卡片报纸（Paper）介绍给用户的，脸书的卡片报纸于2014年推出，起初颇受好评，最终却没有成功。除了给动态消息带来更多的财富之外，即时文章还带来了另一种可能，也就是它会收紧脸书对"互联网"的束缚，或至少被认为如此，因为即时文章为脸书引入了更多内容，而脸书却并不像互联网那样完全开放。为了反击，谷歌推出了自己的手机页面加速程序（Accelerated Mobile Pages），它使网页可以在即时文章中运用谷歌的搜索结果，用户就可以在即时文章中体验更快且更丰富的内容。

期待能继续看到脸书和谷歌之间展开一场无休止的竞赛，看看当你知道自己想要什么（谷歌的"搜索"功能），以及不知道自己想要什么（脸书的"发现"功能）时，谁能提供最好的服务，包括对感觉不像广告的广告的长期追求。

在动态消息中，脸书也增添了表情符号，这是对点赞按钮自推出以来的首次改进。数年来，考克斯及其团队一直在仔细考虑改进点赞按钮，以使它能具有更多的表情反应。除了赞（Like）之外，现在有了爱（Love）、哈哈（HaHa）、哇（Wow）、伤心（Sad）和愤怒（Angry）等表情。同时他们还十分注意过于消极的表情符号，例如备受争议的不喜欢（Dislike）表情，也恰恰出于他们的担心，这个表情最终没有被设置。表情符号除了创造一种更多样的表达方式，它也有长期的潜在优势，例如可以让脸书更好地理解某些特定的内容和人对用户的意义所在，从而引导用户对动态消息中的内容做出更恰当的选择。将脸书每天从用户那里得到的数十亿次的点赞多样化，也为广告商更好地理解用户创造了一个新机会，广告商看到了用户对其广告的新反应。

从所有这些变化来看，你大可以放心，脸书会倍加小心地让你的滤镜保持洁净。

动态消息和克里斯·考克斯长远的未来

凭借扎克伯格和考克斯的专注和团队对品质的管控，不管是从在线时长上，还是从响应行动上，动态消息只会成为一个更加吸引人的滤镜。然而，在扎克伯格看到的未来里，他们考虑的不仅是当个大赢家，他们在为未来未雨绸缪，他们考虑的是，即便未来脸书公司不再引领发展，它的使命仍会有人无所畏惧地坚持下去。

无论算法是否相同（比如脸书拥有的照片墙），新型社交聊天产品（比如脸书拥有的网络信使、脸书信使和人类辅助人工智能助手M），未来新型的全面屏[比如脸书拥有的虚拟现实头盔显示器制造商傲库路思（Oculus）]，甚至相隔遥远靠心灵感应传递信息的方式，不管有多么不可思议，不要低估脸书的能力，这些在未来都有可能实现。现在说风凉话的人可能反落得个受别人嘲笑的地步，扎克伯格和考克斯会做好充分的准备，让它们最终成为你观察世界的滤镜（更多的内容详见第 9 章、第 13 章和第 15 章）。

2006 年以来，每个脸书产品在设计上都有一点点克里斯·考克斯的特质：退后一步，以便其他人可以挺身而出。

第 5 章

10 亿日活跃用户数

―――――――― 常识三 ――――――――

产品有自然增长用户才有推广的价值

背景：再没有比在当今互联网技术条件下推出产品或服务更容易的了。若是有世界上 30 亿人互联这样的有利条件，那寻找用户就好比探囊取物，不费吹灰之力。但现实是，吸引和留住用户是一个复杂的过程，需要将左脑的分析能力和右脑的产品设计能力相结合才会奏效。

脸书的应对之策：组成一个团队，负责确定公司产品的北极星指标、神奇时刻和核心产品价值，对它们加以严密监控，使其更加努力地运转，而且不惧使用复杂的方法，以保持快速的增长，从而开启一个增长营销的时代。

引人深思的问题：你的北极星指标、神奇时刻和核心产品价值是什么？

本·麦兹里奇的《Facebook：关于性、金钱、天才和背叛》在讲述脸书初期的故事时如此描绘道："开始是想寻求被哈佛大学门槛很高的社团接受，却歪打正着地闯进了方兴未艾的全球社交网络。"

该书出版于 2009 年，但在帕洛阿尔托紧闭的门后，脸书的成功却并非偶然，它忘我地投入，用心使之成为有史以来最好的增长引擎之一。脸书的成功显然不是昭昭天命注定，不是"创建之后不愁没人来"。从一开始，它就是有意识地在追求不断的成长（见图 5-1）。

在用户为 15 亿人、10 亿人甚至 5 亿人时，这个追求不会碰到什么困难。它遇到困难的时候比那要早很多。

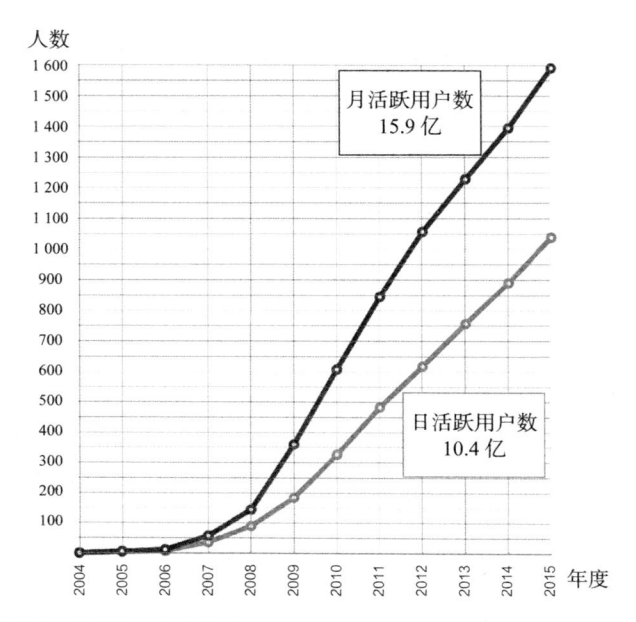

图 5-1 脸书全球月活跃用户数和日活跃用户数的增长曲线（单位：百万人）

撞到了南墙

当然,一切始于 2004 年 2 月 4 日的哈佛大学。脸书的创始人利用有 30 年历史的电子邮件来打造全新的交流方式,他邀请朋友加入,并向校园的邮件列表发送信息(这在当时是加入数字群组的主流方式),链接到他们新创建的脸书,以此与朋友建立联系,看看有哪位同学和自己上同一门课,并保持联系。新用户注册脸书账户之后,他们就会受到鼓励,邀请他们的朋友加入。仅在第一周,约一半的哈佛大学学生注册了脸书账户。

在向哈佛大学校园开放之后,2 月末,他们谨慎地向哥伦比亚大学、斯坦福大学和耶鲁大学开放了脸书。之所以选择这三所大学,不仅是因为这样做可以精心管理规模扩大的过程,而不用摧毁该团队初期的基础架构,还因为当时已建的大多数当地社交网络有些就在这三个校园里。如果他们能在这些校园里攻城略地,那么,这几个初出茅庐的家伙看来真的能鼓捣出什么新鲜玩意儿。

3 月,康奈尔大学、达特茅斯学院、宾夕法尼亚大学、麻省理工学院、波士顿大学和纽约大学随后"陷落",然后,到了 4 月,布朗大学、普林斯顿大学、加利福尼亚大学伯克利分校、杜克大学、乔治敦大学、弗吉尼亚大学、波士顿学院、塔夫茨大学、美国东北大学、伊利诺伊大学、佛罗里达大学、韦尔斯利学院、密歇根大学、密歇根州立大学、美国西北大学、加利福尼亚大学洛杉矶分校、埃默里大学、北卡罗来纳大学、杜兰大学和芝加哥大学也被拿下。

当时,不同学校之间的朋友连接已经实现,也就是说,A 学校的某人可以认识B学校的某人,这是摧毁那些已经建立却区域性太强的社交网络的主要因素。我们将会在稍后的故事中看到这种在更大的规模上"外生机制"自我复制的重要性。

发布3个月后,脸书共向30所大学开放,注册成员达到10万人。

其余的美国大学校园在2004年纷纷加入脸书,到那一年的年底,脸书拥有了100万用户。

2005年9月,脸书向美国高中和英国的20所大学开放,到2005年年底,美国的2 000所大学和25 000所高中,以及加拿大、墨西哥、英国、澳大利亚、新西兰和爱尔兰的大学都能登录脸书了。

2006年9月,脸书的用户数量已经增长到大约1 000万,脸书做出了一个重大决定,那就是向所有人开放。"我的妈妈也上脸书?"这也太怪异了吧!这样做有可能让所有的脸书用户打退堂鼓。

一年后,脸书不断成长,达到了5 000万用户的规模,这让脸书的创建者如释重负。

然后,他们撞到了墙上。

增长小组

随着脸书2007年下半年增长停滞,一些重大问题摆在了扎克伯格及其团队的面前。我们为什么会停滞?为什么聚友网在过去的6个月里,也停在了1亿用户规模而止步不前呢?(要知道,

2007年时脸书还不是领导者。)

社交网络是否有可能不只是让这1亿多人感兴趣呢？

每个人都认为还有很多问题需要脸书团队来解决，以实现脸书用户量的翻番。

团队的负责人是精力充沛但自以为是的查马斯·帕里哈毕提亚，他在斯里兰卡出生，在加拿大长大，他曾是自己并不喜欢的投资银行家，也曾是产品经理和风险资本家，他自称是出售未来的商人。他加入脸书时31岁，拥有带领小团队管理用户群庞大的产品的经验，包括音乐应用程序WinAmp和美国在线（AOL）的即时通信软件AIM和ICQ。帕里哈毕提亚的领导风格掺杂了两种作风：一方面是"经常犯错，却从不担心"的自信，自信到简直就是骄傲自大；另一方面却是强烈的"把活干好"的实用主义。这恰恰与脸书当时鸡尾酒般的多元文化相吻合。他的团队会采用查看、尝试、衡量、重复的方式，以获得成功。帕里哈毕提亚有事可以直接找扎克伯格和脸书负责工程、基础架构和产品的领导层，以得到必要的帮助。

该团队成员包括来自西班牙的刚毕业的斯坦福大学工商管理硕士哈维尔·奥利万。2007年年底，帕里哈毕提亚将其招入脸书。30岁的奥利万在西班牙曾经建过一个小型的社交网络，并在欧洲的移动通信行业从事过工程和产品管理工作。当时，欧洲移动电话的增速快于美国，这让他拥有了事先经历过移动通信浪潮的重要背景。

团队中善于分析的人当属热情的互联网营销专家亚历克斯·舒尔茨，他毕业于剑桥大学。2007年11月舒尔茨加入脸书，25岁的他却有 10 年的互联网营销经验，在谷歌存在之前他就已经开始为其个人的网站（paperairplanes.co.uk）优化自己的搜索引擎，时至今日，他和他的团队在全球范围内开展营销工作时，他仍坚持使用这个个人工作平台。结束在英国和美国为易贝的网络营销工作之后，舒尔茨练就了一身本领，学会了如何选择目标并对目标加以优化，并在此基础上开发更复杂的增长引擎。他那充满激情又迫不及待的工作方式不无益处，若一言以蔽之，用他最喜欢的乔治·S.巴顿将军的一句话形容再合适不过了：

> 腹有良策，若能现在强力推进，就胜过下周才有一个完美的计划。

最后，进行团队产品和用户敏感性分析的则是性格安静又迷人的娜奥米·格莱特。这种敏感性分析跟舒尔茨的分析就像阴阳一样形成完美的互补。在脸书拥有 100 万用户之前，22 岁的格莱特就已经非常确信脸书最终会成功，当时她还是斯坦福大学科学技术与社会专业的大四学生。她就脸书如何击败当地的社交网络奈克瑟斯俱乐部（Club Nexus）写了一篇论文，然后开始在脸书找工作，直到获得了一个职位，而且是自 2005 年起，该公司第一个非工程类的职位。该团队的使命是"消除障碍，让世界上的每个人都可以使用脸书"，而格莱特在博茨瓦纳当过志愿者，在纳瓦霍人的保护区当过老师，还住过泰国的佛寺，这些都使她与此使命更加深刻地紧紧联系在一起。

经过多年的发展，以帕里哈毕提亚、奥利万、舒尔茨和格莱特为核心的团队已经超过了 100 人，这个团队准备向那堵墙开火。

用户增长的计算

攻击那堵墙并非什么迷人的工作，常人往往看不到这份工作的辛苦，甚至这份工作都不是大部分时间里干的那些工作。舒尔茨如此描述他们没完没了的日常工作：

> 如果你能比别人做更多的实验，如果你渴望成长，如果你能为每增加一个用户不惜战斗至死，而且为得到额外的用户、进行实验和获取数据而熬至深夜，不怕一遍又一遍地做，你就会更快地成长。

但是，在我们微微开启一扇门，一窥该团队多年来所做的具体事情之前，需要先知道何谓增长。

你不需要懂得微积分也能理解如何计算增长。计算是简单的，但现实是无情的。如果有人离开，却没有新用户补充进来，你就必死无疑。对脸书这样的产品来说，在任何一段具体时间（比如一个月）的活跃用户数按如下公式计算，时间用 t 代替：

$$活跃用户数_t = 新用户数_t + 留存用户数_{t-1} + 复活用户数_{t-[n]} - 流失用户数_{t-1}$$

虽然你的用户组成了一个大群，他们却由四种差异很大的人构成：

▶ **新用户**：在当期第一次加入的人，借助获取新用户和激活用户的技术而得。他们在产品使用方面经验最少，需要精心培育。

▶ **留存用户**：在当期和前期使用过本产品的人，他们能深度参与并感知产品价值。他们是到目前为止最重要也最有希望成为人数最多的一群人。

▶ **复活的用户**：过去用过该产品，但卸载过产品，在当期又通过技术重新争取回来的人。这部分用户并不稳定，因为他们可能很久之后会离开，也可能留下。能做点什么留住他们呢？

▶ **流失用户**：在前期而不是当期使用产品的人，表明他们没有认可产品价值或不再登录产品。（如前所述，鲜为人知的是，为了维护跨服务器用户的真实身份，脸书会时常清除它认为非真实用户的账户，这给用户池招致极大的损失，导致数千万账户被清除。）

虽然计算可能很简单，但持续变动的因果关系会很快拖垮公司，所以，脸书团队将增长分解成了三个简单的因素：

北极星指标。有数据是一回事，被它湮没是另一回事。为了避免无休无止的空想，或太多的人追逐太多的目标，脸书选择了一个单一的指标，这将是他们关注增长的重点。分析、产品、工程和营销是所有团队的通用语言，它们正在一点一点地凿开那堵墙。

对爱彼迎这样的公司来说，它就是预订民宿的天数；对优步来说，它就是出车的数量；对网络信使来说，它就是发送聊天短信的数量；对于易贝来说，它就是商品交易总量。这个数字之于你的服务，就像重力之于保龄球的意义。若想取得长期的成功，它比任何其他因素更不可避免，更根本。

对脸书来说，这个数字不是 Web 1.0 时代的指标，如网页浏览数或注册会员数。这个数字是经常使用脸书并认可其价值的人数。

多年来，脸书的这个数字变得越来越复杂，而且要求越来越高。从月活数（MAU）变成日活数（DAU），再变成日活数与月活数之比（DAU/MAU，全球比例为 65%，即便在今天看来也是荒唐的），再变成过去 28 天里用户使用频率的分布情况，再变成过去 8 天的 7 天里使用脸书的人数（L7/8）。他们按以下因素将用户细分：龄级（他们注册脸书多长时间了）、参与程度（他们的使用频率如何）、人群特征（他们的性别、年龄和位置）、访问方法和速度（台式机、智能手机、平板电脑、非智能手机、2G、3G、LTE①、宽带），甚至心理特征（他们的行为和兴趣）。然后，他们仔细研究不同用户群体的不同之处和相似之处，并特别关注那些没有持续使用脸书的"边缘"用户。

当我们谈论大数据时，说的就是这个意思。

神奇时刻。对你希望达成的目标有着清晰的了解固然很好，但是，是什么与众不同的东西吸引用户使用你的产品呢？让人对某种产品上瘾的体验吗？唯一最重要的是，哪一点做得好，就会

---

① LTE 是 4G 系统下的一个标准，是由 3GPP（第三代合作伙伴计划）组织制定的 UMTS（通用移动通信系统）技术标准的长期演进（Long Term Evolution）。——译者注

让你发展壮大，做得不好，就会让你销声匿迹？

对优步而言，神奇时刻就是第一次你按下按钮，汽车出现了。对网络信使来说，是你发送的第一个短消息，它通常是国际的，却不会产生短信服务费或漫游费。对于爱彼迎来说，是让用户感觉虽身处另一个城市，却有意想不到的可爱之处，完全不觉得有住酒店的感觉。

对脸书来说，它的神奇时刻是用户在动态消息中看到自己朋友的那一刻。所以，脸书所有的努力都是为了让用户尽可能快地感受那一刻的来临。一旦清楚这对脸书有多么重要，所有人就要准备好在10天之内拉自己的7个朋友加入脸书，然后，两周之内拉10个朋友加入，此后尽快拉50个朋友加入。没有什么比帮助用户尽快建立这些联系更能预测脸书用户的长期参与度了，而这与用户在人口统计上或心理统计上是什么特征无关。

核心产品价值。在让用户通过神奇时刻上瘾后，你必须日复一日地提供价值，以赢得用户的忠诚度。对脸书来说，绝大多数人对它服务的评价始终都是它让人与人建立起联系的感受，最重要的是，这是脸书动态消息的极好体验带来的。谢谢你，考克斯。

其余的就是血、汗水和泪水了。

脸书内部的增长引擎

有了北极星指标、神奇时刻和核心产品价值这样的工具，该团队着手开展工作。在帕里哈毕提亚的领导下，大家既不自私自利，也不固守老套的做法，有的只是努力工作的劲头和数据：（1）把人带至入口，（2）尽快让用户感受到神奇时刻，（3）尽可能经常地提供核心产品价值。舒尔茨和他的团队将专注于所有与入口有关的事情，即吸引用户和复活用户，以及转换和留存背后的数据。格莱特专攻激活和实现神奇时刻的速度，而奥利万则专注于提供脸书历史上意义最为重大的产品价值之一。

至于获取新用户，舒尔茨的团队不只是加大预算，使用一流的搜索引擎优化技术和搜索引擎营销技术，他们将与谷歌达成一项具有里程碑意义的协议，允许搜索引擎巨头使用它的自动化工具来阅读、存储和搜索脸书用户个人资料的公开信息，比如用户的名字和私人照片等基本信息，它们没有被隐藏在脸书隐私控制的防护墙后面。可以肯定的是，只要你在谷歌输入一个朋友的名字，你就能通过搜索结果知道他有没有加入脸书，通常信息会显示在搜索结果的顶部，从而增加搜索者自己加入脸书的兴趣。

从第一次打开脸书的主页，到注册步骤，再到初步浏览网站，用户行为都可以被脸书催化。新用户体验（New User Experience，脸书内部亲切地将它称为NUX）包括一些很费事的工作，比如通过建立简单的页面，紧紧抓住注册步骤最初几个关键时刻，页面上的每一个词、按钮、颜色和页面加载的速度都经过了仔细的测试，还包括对眼球追踪的研究。每一个令用户困惑的注册指引、额外的点击和浪费的瞬间都有可能使引导用户到这步的努力付诸东流。

然后，在通向神奇时刻的路上出现了一个关键时刻：从其他服务提供商那里导入你的联系人，尤其是微软、雅虎、美国在线和谷歌等电子邮件提供商，以便更轻松地联系你那些已经在脸书上的好友，并邀请那些还没有加入脸书的朋友。伴随联系人的导入而来的是大量且复杂的交涉，因为像电子邮件提供商这样的服务公司不得不允许脸书通过应用程序编程接口（API）访问检索用户的联系人名单，这是一个典型的合作例子。2010年，脸书甚至收购了Octazen（联系人导入技术提供商），该公司在以下两方面很有名气：一是开发有用的工具，帮助导入脸书30%不在大型电子邮件平台的用户的联系方式；二是在灰色地带进行某些操作，例如在不使用公共网页提供的受控的访问方法的情况下，从其他服务公司的公共网页获取联系人的信息，即所谓的"爬虫"。

为理解联系人的导入对脸书用户增长的重要性，请看看脸书这种拥有所谓网络效应的企业是如何计算快速传播的。为了实现指数式的增长，你必须能够将一个新用户转换成大于一个新用户。若U是原有用户，而UF是该用户的朋友，那么，计算方式如下：

$$邀请_U \times 电子邮件点击率_{UF} \times 脸书注册率_{UF} > 1$$

举个例子，一个用户给朋友发出了100次邀请，30%的朋友会点击邀请链接，在这些点击链接的人中，有5%注册了脸书，则：

$$100 \times 30\% \times 5\% = 1.5$$

转眼间,一个用户就为脸书带来了 1.5 个新用户。

联系人的导入确保了这个等式中的第一个数字会尽可能高,发送邀请的电子邮件写得如何,有没有让人对脸书产生兴趣,决定了第二个数字,而脸书的注册流程是否简单决定了第三个数字。即使单个构成元素的微小变化也会对最终结果产生很大的复合效应。

进一步利用上面的例子,如果以同样的数字再发展三"代"新用户,结果如下所示:

(100 × 30% × 5%) × (100 × 30% × 5%) × (100 × 30% × 5%) = 3.375

第一个用户实际上为这个平台带来了 3.375 个人。但是,如果邀请用户数是 80,而不是 100(或者脸书的注册转换率只有 4%,而不是 5%),那么,结果就成了 1.728 人,只剩下了大概一半。些许的变动就会导致结果大不相同,影响还是很大的!

对于复活用户,脸书依靠的是电子邮件这种老式媒介和人类一个更古老的动机:好奇心。复活的对象是已经与朋友建立了联系的现有脸书用户,所以,脸书会不定期地给他们发送电子邮件,通知他们有新留言或有人在照片上圈他们了,让他们知道自己的朋友在做什么。如此一来,如果该用户有段日子没上脸书了,现在就有访问它的理由了。

通过使用电子邮件来邀请朋友加入脸书和复活用户,脸书成了一个利用媒介的大师——利用它正在取代的媒介，来培养正在创建的新媒介。

当然，更重要的是留住用户。通过提供核心产品价值，可以让用户快速越过第一次的神奇时刻，并强化用户的参与度。为了更好地发挥联系人导入的作用，让用户在10天内联系上7个朋友，在两周内联系上10个朋友，以及尽快联系上50个朋友，2008年年初，格莱特及其团队推出了"你可能认识的人"（People You May Know，内部人将它称为PYMK）功能，它就位于个人页面右侧。你会导入联系人的信息，也会导入朋友的朋友的信息，你的大部分好友也是这些朋友的好友，你们工作、就读的大学或者兴趣也相同。从这些复杂的信息组合中，脸书会确定"朋友的距离"，它可以据此将还不是你的朋友但你可能会想跟他交朋友的人列出来，并把最有可能的候选人摆在你面前。随着新的朋友加入脸书，并与你建立联系，脸书会跟你联系，鼓励你为新用户推荐更多的朋友。

与此同时，奥利万及其团队一直在为提供核心产品价值的另一项重要工作而努力：将脸书翻译成非英语的语言，以提高脸书的国际影响力和吸引力。这可不是把网站翻译成6种通用语言那么简单。比如德国，即使它有4 000多万互联网用户，脸书用户却只有60万。不只是在德国，在10种全球性语言之外的国家，互联网用户数不胜数。

脸书没有像聚友网那样，向每个有希望发展用户的国家派出一支由几十人组成的团队，自己翻译网站，或只是使用专业的翻译服务机构。脸书的团队在自己的平台上搭建了一个应用程序，将网站包含的 30 万个单词和短语，通过让脸书的目标群体提议和投票决定如何翻译成当地语言，从而以众包的方式实现了本地化，然后，由专业译者加以审校。

通过这种做法，脸书得以在短短的两周内首先推出了西班牙语版本，在两天内推出了德语版本，在短短 24 小时内推出了法语版本。

在专业译者的监督下，加上一个 80 人的众包团队的努力，到 2008 年，脸书有了 16 个语种的版本，最终增长到了 20 个，并且获得了那些传统意义上受忽视群体的忠诚度，例如巴斯克人、切罗基人和豪萨人。

把脸书翻译成多语种版，对脸书的增长意义非凡：在某一国家最早开始使用脸书的用户，可能在脸书已经有大量用户群基础的国家有很多朋友，这被称为"外生联系人"，这也暗示这些早期接受者对非母语语言也有安全感。随着翻译好的版本在当地上线，脸书对说母语的人来说也更有吸引力了，因为该国多数人还是说母语的；随着朋友之间不断建立联系，好友越来越多，多数人成了"内生联系人"，因为此时的联系建立在同一国家的用户之间。当外生联系人一国接一国地转变成内生联系人之后，脸书用户的增长就进入一个新的可持续发展阶段，这标志着已经不再只是早期接受者在使用脸书了，它将全国用户的参与度和长期的忠诚度结合在了一起。

在最初的 6 个月里，整个团队努力的结果不仅仅是一种有趣的社会现象：根据康姆斯克公司（ComScore）的数据，到 2008 年

6月，由于国际市场的发展突飞猛进，脸书用户已经增长至1.24亿，首次超过了聚友网的全球用户数。2009年6月，脸书终于超越了聚友网在美国的领先地位，短短一年内，脸书就将规模翻了一番，用户规模增加了7 000万人，而聚友网的用户减少了5%。

18个月来，小组高度专注，其结果就是把聚友网甩到了后面，并证明社交网络不只是1亿人的乐趣。

手机用户的爆发式增长

如果脸书成功的要素是留住用户和用户的参与度，那么，没有什么比手机更重要了，因为它已经成为全世界最受欢迎的媒介了。其实手机开始流行的时间正好也在脸书增长小组的存续期间，该团队于2007年年末组建，当时，售出的苹果手机还不到150万部。

在一个被手机左右的世界里，浏览脸书必定成为一个人每天的行为，更确切地说，是每小时的行为。根据费雷斯特研究公司（Forrester）的分析，人们经常玩的应用程序只有5种，而花费在它们上的时间却高达全部玩手机时间的84%。

2007年，脸书迈出了简单的第一步，推出了一个手机端的网站（m.facebook.com），并在2008年，接连推出了基于苹果iOS操作系统、黑莓、Windows操作系统和诺基亚塞班操作系统的脸书应用程序。2009年9月，最终推出了基于谷歌安卓操作系统的应用程序，考虑到安卓应用程序运行所需的硬件和操作系统版本的范围之广,该应用程序的推出无疑更为复杂。

截至 2010 年 2 月,脸书的月活跃用户数达到了 4 亿,其中 25% 的用户是通过手机访问的,无疑这是更敏锐地观察新兴市场的用户如何使用脸书的大好时机。新兴市场国家往往完全忽视架设支持手机使用的宽带基础设施,而且人们的购买力滞后,普遍使用的是低端手机,网速和数据消费能力相对有限。

2010 年 5 月,帕里哈毕提亚宣布推出零点脸书(Facebook Zero),它是脸书的简装版本,只能接收和发送文字,可以在 45 个国家的 50 家运营商提供的网络上运行,但不会收取任何移动上网费用。它旨在让更多的人获得通过脸书连接到更多人的基本感受,在体会到脸书和互联网的一些价值后,其中一些人会把自己有限的可自由支配的收入更多地用于运营商提供的手机流量套餐。在某些地区,该项服务的接受率很高,仅仅 18 个月的时间,非洲的脸书用户就增加了一倍。然而,随着时间的推移,该服务的"零费率"开始引起监管者对网络中立性的担忧,所谓网络中立性是指所有的互联网流量必须被运营商平等地对待,这一原则会导致产品要么在存续期间被严格限制,要么被完全禁止。

零点脸书推出大约一年后,2011 年 3 月,格莱特前往以色列特拉维夫收购了斯耐普公司(Snaptu),从而解决了低端移动基础设施的差分问题。斯耐普公司开发出了一个应用程序,可以让非智能手机登录基本的脸书版本,这种手机能够处理某些数据并具备基本的通信功能,却不及智能手机功能复杂,无法运行网络浏览器或应用程序。利用斯耐普的新增功能,脸书得以将无法使用脸书应用的手机减少至 20%。收购斯耐普公司之后，脸书将其服务名称改为手机通用版脸书（Facebook for Every Phone），运行 18 个月后，其月活跃用户数增长至 1 亿，接近当时脸书用户总数的 10%。

2015 年 6 月，在推出第一个新兴市场手机应用方案之后的 5 年，脸书将其积累的知识和技术全部整合到了脸书精简版，它可能是脸书为这些市场提供的最重要的长期产品。

根据国际数据公司（IDC）的数据，使用安卓操作系统的手机大约占到了全球智能手机市场的 2/3，但其性能稍逊，而且网速较慢。针对这种情况，脸书精简版使用了一个复杂的轻量级手机应用程序组合，只有 1 兆大小，是脸书 iOS 版应用程序的 1/100，即使通过 2G 网络下载也只需大约 1 分钟的时间。它与脸书服务器的连接采用压缩方式，而且持久稳固，服务器会做大部分繁重的工作，比如获取内容并转换成用于手机上显示的格式。这样做的目的是让用户在低带宽的网络上依然能够体验脸书的服务。2016 年 3 月，在脸书精简版发布 9 个月后，它就成为脸书公司增长最快的应用程序，用户数达到了 1 亿，巴西、印度、墨西哥、印度尼西亚和菲律宾等关键市场成了其重度用户的前 5 名。

开拓手机市场的所有努力获得了惊人的成果，现在有 90% 的用户通过手机访问脸书。自增长小组成立以来，仅仅用了 7 年的时间，使用手机版脸书的用户跟使用桌面版脸书的用户完全换了位置（见图 5-2）。

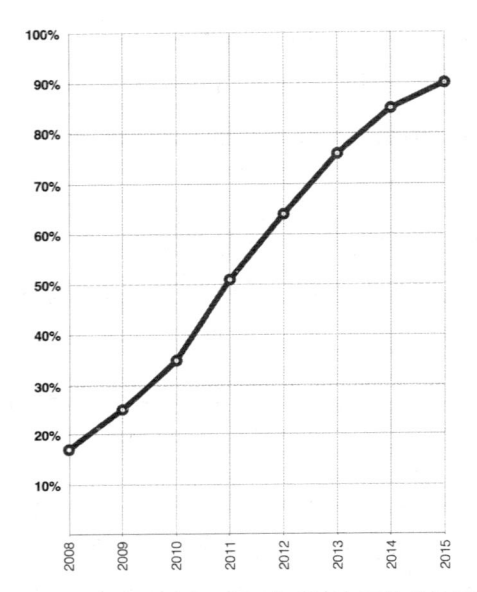

图 5-2　全球脸书用户每月通过手机访问脸书的百分比

辛苦的工作可能就是机会

人们常常认为这是托马斯·爱迪生说的话:"很多人没抓住机会,原因是这个机会的外在形式看起来只是辛苦的工作。"如果这真是爱迪生说的,他应该会喜欢脸书的。

今天,当你在脸书公司宽敞的办公室里走过属于增长小组和国际化团队的办公区域时,你会注意到三件事:代表世界各国的几十面国旗,员工说着多种语言,体现工作之辛苦的监视器。

很多监视器。

监视器挂得到处都是,它们是专门为脸书公司制造的,有点像彭博终端和医院的监护仪的奇怪结合,该团队利用它们对各个国家逐一进行一丝不苟的观察,并且是实时观察各种因素对用户参与度的影响,比如当地放假,联系人导入错误,国家在某个时期关闭脸书引起的波动,手机运营商促销活动的开始或结束,应用程序平均评分的升降,与脸书产品相关的任何细小变化,甚至是当地天气变化。他们之所以这样做,是因为他们深知"失之毫厘,谬以千里"。

那么,所有这些努力加起来会出现什么结果呢?好消息。就是这样。

增长小组组建 8 年之后,2016 年年初,脸书月活跃用户数已经增长至 15.9 亿,日活跃用户数增长至 10 亿,使其成为 129 个国家的首要社交网络(脸书自己的照片墙在这些国家中的 41 个国家处于第二位)。

只有 4 个拥有互联网基础设施的国家避开了脸书进入当地市场的追求:

▶ **中国**:目前尚未开通脸书。

▶ **俄罗斯**:本土社交网络接触网(VKontakte),它类似一个本地化的脸书,提供付费的电视节目、电影和音乐作品,致使俄罗斯全国 1.05 亿网民中使用脸书的用户还不足 1 500 万人。

▶ **日本**:本土聊天软件连我(Line)的用户数大约是其 3 000 万脸书用户的两倍。

▶ **韩国**:本土聊天软件卡考说说(KakaoTalk)的普及率比脸书高出 15%。

8年后，查马斯、哈维尔、亚历克斯和娜奥米何去何从了呢？不用担心，他们仍在干着自己的活。

帕里哈毕提亚于 2011 年离开脸书公司，成为美职篮金州勇士队的股东之一，偶尔打打职业扑克，而且是风险投资公司社会资本合伙公司的创始人兼首席执行官，他和他以前在脸书增长小组的伙伴为其他投资组合公司提供增长营销服务。帕里哈毕提亚变得很有影响力，他甚至可能是唯一能取代马克·安德森，成为新一代风险资本家的先知和真理代言人，至少他让你觉得他是。

帕里哈毕提亚离开后，奥利万成为脸书增长小组的领导者，直接向扎克伯格汇报工作，并监督所有与增长有关的产品、营销、分析、数据科学、国际化、免费上网计划（Internet.org）和脸书的社会公益事业。

舒尔茨现在负责增长营销和数据科学，不只为脸书的用户服务，也为数量众多、业务量小的广告商服务，截至 2016 年 9 月，脸书服务的广告商超过了 400 万。他还负责其他脸书产品，这些产品也受益于其团队的专业知识，其中就包括脸书信使，到 2016 年 7 月，其用户规模已经跨越了 10 亿用户的里程碑。

现在格莱特成了脸书第二个工龄最长的员工，仅次于扎克伯格。在参与过全部脸书产品的开发和管理之后，她被升职负责所有涉及增长和参与度的产品，这些产品包括脸书新用户体验、你可能认识的人、隐私政策的简化、让使用低端手机的用户体验脸书的工具、关注功能（Follow）、社会公益功能（包括非营利的捐赠工具，它们大大便利了世界各地的人和组织之间数百万美元的捐赠）和安全检查功能。安全检查功能指脸书会在地震等灾害发生时，开启该地的安全检查功能，让脸书用户报到，表明自己是安全的，并与世界各地的家人和朋友建立联系。

下一个 10 亿用户

如果脸书的月活跃用户数达 15.9 亿，体现了脸书在第一个 12 年履行其"连接世界"这个使命的成就，那么，在接下来的 12 年中会发生什么呢？

正如亚历克斯和查马斯在增长计算公式简介中教我们的那样，在脸书寻求进一步发展之前，他们必须留住所有当前的活跃用户。这意味着脸书不仅要密切关注自己服务的数据，还要关注其他公司的数据，以便了解人们建立联系时，最希望获得哪种服务。此事如此重要，以至在 2013 年，脸书花了 1.8 亿美元收购了鲜为人知的 Onavo 公司（以色列移动手机分析公司），把 Onavo 原来公开显示的信息关闭了，只保留了世界上无数手机每天都在使用的手机应用程序的实时数据，以及它们是如何被使用的。虽然脸书自己的平台数据可以帮助扎克伯格了解照片墙的增长和用户每天的参与度，并确定了照片墙作为脸书使命的一部分的价值，但是 Onavo 的数据让他了解了网络信使的增长和用户热情高涨的参与度。Onavo 的数据也让他得以密切关注其他的国际竞争者，如连我、卡考说说、QQ 和微信，以及离得更近的竞争者，比如色拉布。

借助两翼的加持，脸书继续增长。为了更清楚地了解脸书未来增长的过程，表 5-1 显示了脸书用户当前在全球各个地区的分布，特别是在一些发达国家的分布。决定脸书命运的有三个最重要的变量：国家及其人口数，该国人口访问互联网的比率，以及这些互联网用户使用脸书的比率。表中记录了这些因素的情况。互联网或脸书普及率特别高的国家和地区用深灰色表示，而较低的国家和地区用浅灰色表示。

该表的右侧是一个假设的增长黑客"表单"，稍后我们再介绍。

从过去几年的数据趋势来看，20 亿月活跃用户数有可能赶在 2017 年年底实现，实现这一目标需要同时进行以下两项工作，但实际上所做的可能远超这两项工作。

1. 在现有的互联网用户中，脸书的普及率越来越高。虽然全球有 34 亿互联网用户，但脸书的月活跃用户数只有 15.9 亿。当然，并不是每个人每个月都会使用脸书，毕竟在许多国家还达不到脸书在美国近 70% 的用户使用率（美国的用户使用率：2.8 亿互联网用户中有 1.9 亿脸书用户）。

表 5-1 人口、互联网普及率和脸书的普及率（百万人，2015 年第四季度）

	人口数	互联网普及率	互联网用户数	（互联网用户中的）脸书普及率	脸书用户	脸书用户增量：获胜级脸书普及率（56%）	脸书用户增量：出色级脸书普及率（68%）	脸书用户增量：普通级互联网水平、脸书普及率	脸书用户增量：出色级互联网水平、脸书普及率	脸书用户增量：2022 年可能达到
全球	7 260	46%	3 340	48%	1 599	591	780	369	978	1 044
北美地区	357	88%	314	68%	213					
美国	321	87%	281	68%	192					
加拿大	36	93%	33	64%	21					
拉丁美洲	617	56%	345	86%	297					
巴西	204	58%	118	88%	103					
墨西哥	122	49%	60	92%	55					
哥伦比亚	48	59%	28	84%	24					
阿根廷	43	80%	35	78%	27					
欧洲和中东	1 058	69%	727	49%	359					
俄罗斯	146	71%	103	11%	11	47	59			
德国	81	88%	72	40%	29	5	20			5
土耳其	78	60%	46	89%	41					
法国	66	84%	55	58%	32					
英国	65	92%	60	64%	38					
意大利	61	62%	38	74%	28					
西班牙	46	77%	36	62%	22					
非洲	1 158	29%	331	38%	125					
尼日利亚	182	51%	93	16%	15	37	48		73	73
埃塞俄比亚	99	4%	4	100%	4			42	67	42
埃及	88	55%	48	56%	27					
刚果民主共和国	79	3%	2	80%	2			27	43	27
南非	55	49%	27	48%	13		5		13	5
坦桑尼亚	51	15%	8	36%	3		2	9	22	9
肯尼亚	45	71%	32	16%	5	13	17			13
亚太地区	4 069	41%	1 649	32%	522					
印度	1 252	30%	376	36%	136	74	119	186	468	256
印度尼西亚	256	31%	78	100%	78			40	104	104
巴基斯坦	199	15%	29	79%	23			49	89	49
孟加拉国	169	32%	54	52%	28			16	54	16
日本	127	91%	115	22%	25	39	53			39
菲律宾	110	43%	47	100%	47				31	31
越南	94	50%	47	74%	35				15	

脸书的最大机会是能够与中国政府达成长期协议，为中国 6.75 亿互联网用户提供某种产品。如果是达到约 56% 的获胜级脸书普及率，就意味着会新增 3.78 亿用户。扎克伯格已经为耐心而长期的接触做好了准备，他学普通话，在清华大学发表演讲都只是这一努力的部分表现。

在中国之后，脸书的下一个大机会显然在印度，脸书是社交网络的领导者，但在印度的 3.76 亿互联网用户中的月活跃用户数只有 1.36 亿，如果能进一步普及市场，应该能增加 0.74 亿到 1.19 亿的用户。

紧接着下一个机会将出现在撒哈拉以南的三个大国：肯尼亚、尼日利亚和南非。在那里，互联网用户有 1.5 亿，脸书的月活跃用户数只有 3 300 万，也就是说，还有 5 000 万到 7 000 万用户有机会成为脸书用户。

脸书的发展在日本和德国是落后的，它在这两个国家的互联网用户中的普及率分别为 22% 和 40%，因此，扩大日本和德国的普及率将继续成为脸书今后工作的重点。这两个国家的广告消费分别排名世界第三位和第四位，位居美国和中国之后，脸书需要确保日本和德国的互联网用户越来越多地选择脸书，因为脸书可以提供人际互联，从而对这些市场上的个人产生影响。

虽然俄罗斯同样人口众多，而且互联网也很发达，脸书的普及率却很难超过 11%。实际上，俄罗斯人更喜欢照片墙。

2. 为世界人口提供更多互联的机会。世界人口数目前为 73 亿，尽管预计 2020 年全世界 6 岁以上的人拥有手机的比例将达到

90%，现在却只有约 46% 的人上网。在世界很多地方，基础设施的状况，以及可支配的上网费用，甚至是否认识到对互联网的需求都是非常现实的障碍。

在亚洲，预计从 2016 年到 2021 年，新增智能手机订阅用户将占到全球的 56%，达到 14.3 亿，印度、巴基斯坦、孟加拉国和印度尼西亚、菲律宾、越南等东南亚国家的网络互联用户也会有显著的增加。

如表 5-1 所示，印度、巴基斯坦和孟加拉国的基础设施项目将使网络普及率从全球平均的 46%一直上升至 71%（类似俄罗斯或肯尼亚等国），这将使脸书普及率上升至 56%~79%（在巴基斯坦），这会让用户增加 2.5 亿~6 亿。

在印度尼西亚和菲律宾，几乎人人上网都会登录脸书，在越南，脸书的普及率为 74%，互联网普及率的提升会让脸书用户增加 0.4 亿~1.5 亿。

另一个巨大的互联互通机会是非洲撒哈拉以南地区的近 50 个国家，其人口总数约 10 亿，却是迄今为止全球互联网普及率最低的地方，不足 28%。很明显，这些数字引起了脸书增长小组的关注。事实上，他们跟脸书的互联互通实验室（Connectivity Lab）一样都很关注这些数字，他们已经与欧洲通信卫星公司（Eutelsat）、以色列的卫星制造商（Spacecom）和美国卫星运载火箭提供商太空探索技术公司（SpaceX）成为合作伙伴。硅谷巨头扎克伯格和埃隆·马斯克的第一次合作是在 2016 年下半年发射宽带卫星 Amos-6，卫星信号可覆盖撒哈拉以南地区的 14 个国家：尼日利亚、埃塞俄比亚、刚果民主共和国、南非、肯尼亚、坦桑尼亚、乌干达、加纳、喀麦隆、科特迪瓦、安哥拉、塞内加尔、南苏丹和加蓬。

该卫星覆盖的国家共有 6.7 亿人口，其中网民 2.02 亿，而脸书用户只有 5 400 万。

如果该地区的网络互联互通得以改善，达到世界平均水平或超过平均水平，并假设脸书的普及率维持在"获胜"或"出色"的水平，这就意味着通过脸书连接起来的人将增加 1.5 亿~3 亿。

表 5-2 显示了这一复杂的努力追求增长背后的详细数字。

表 5-2　预期 Amos-6 卫星覆盖国家的人口、互联网普及率和脸书普及率（百万人，2015 年第四季度）

	人口数	互联网普及率	互联网用户	（互联网用户中的）脸书的普及率	脸书用户	脸书用户增量：获胜级脸书普及率（56%）	脸书用户增量：出色级脸书普及率（68%）
尼日利亚	182	51%	93	16%	15	32	73
埃塞俄比亚	99	4%	4	100%	4	42	67
刚果民主共和国	79	3%	2	80%	2	27	43
南非	55	49%	27	48%	13	1	13
坦桑尼亚	51	15%	8	36%	3	10	22
肯尼亚	45	71%	32	16%	5	7	17
乌干达	37	32%	12	15%	2	8	16
加纳	26	19%	5	58%	3	4	10
喀麦隆	24	11%	3	54%	1	5	10
科特迪瓦	23	23%	5	35%	2	4	9
安哥拉	20	25%	5	66%	3	3	6
塞内加尔	14	50%	7	24%	2	2	5
南苏丹	12	16%	2	8%	0	3	6
加蓬	2	39%	1	54%	0	0	0
总计	669		205		55	148	297

就像是为了证明让世人更多地连接起来的确有风险,但扎克伯格不受风险的干扰一般,就在本书于 2016 年 9 月付梓之时,Amos-6 卫星成为太空探索技术公司猎鹰火箭一次毁灭性爆炸的牺牲品。在该卫星发射前一天测试点火之前的燃料加注时,火箭在卡纳维拉尔角空军基地的发射架上发生了爆炸。当时,扎克伯格正在非洲,准备庆祝卫星按预期抵达非洲的上空,在该事件发生后扎克伯格的脸书更新中,他表现得毫不畏惧:

> 当时我在非洲,听到发射失败摧毁了我们的卫星,本来它可以为整个非洲大陆的很多人提供网络互联互通的,对此我深感失望。幸运的是,我们已经开发出天鹰座无人机等其他技术,也可以将人们连接起来。我们将继续致力于让每个人都连接起来的使命,继续奋斗,直到每个人都有机会获得这颗卫星提供的服务。

有位评论家曾问扎克伯格:"卫星的保险费用是多少?"或许他的答复更能说明他的态度:"这不是钱的问题,而是它现在使实现人们互联需要等待更长的时间了。"

扎克伯格肯定是致力于此的,但卫星的毁于一旦清楚地表明这一切并不容易做到。与大众的看法不同的是,追求新兴市场的网络互联并不是因为扎克伯格想要不择手段地获取收入。与美国已经确立的市场相比,在这些市场发展互联网成本较高,而利润较低,目前,从他们身上赚到的钱还不足现有用户的 1/10。

如果扎克伯格只沉迷于他今天花的 1 美元能有多大的回报，他就不会想着送卫星入轨道。这只不过是世界上最深思熟虑的增长引擎在为连接世界的使命而服务的延续，而且在大约 5 年的时间里，我以上所讲的这些例子意味着脸书会额外增加 10 亿用户。

第 6 章

3 年创造 100 亿美元

常识四

产品给用户创造了价值,就能为企业创造价值

背景:这个日益连通的世界,最重要的一个方面是它允许更多的供应商和更多的用户参与到所有的系统中。若对这一点加以利用,这种能力可以为较小的供应商提供更强大的服务,同时为用户提供更好的选择,甚至为最大的供应商带来更大的客户群。

脸书的应对之策:脸书在其广受欢迎的动态消息中引入了广告,与谷歌类似,动态消息的广告也是由竞价机制支持的,各种规模的广告商都能访问该系统,这样做确保了最佳的内容与潜在的用户相匹配,令用户受益,同时也推动企业增加收益。同时脸书奖励提供高品质广告的广告商,并惩罚提供低质量广告的广告商。

引人深思的问题:你的大众化进程是什么?

2007年的时候,谢丽尔·桑德伯格不太可能成为马克·扎克伯格的商业伙伴。作为一名23岁的程序员,扎克伯格拥有一个正在增长但还算不上领先的社交网络,脸书当时每年能赚大约1亿美元。桑德伯格30多岁,事业有成,是一位经验丰富的政界和商界新星,她曾经是克林顿入主白宫时美国财政部部长拉里·萨默斯的幕僚长,也曾在谷歌最大的广告部门担任副总裁,这个部门每年创造的收入约为100亿美元。

他俩唯一的共同点就是都读过哈佛大学,只不过桑德伯格被授予哈佛大学经济系毕业生最高奖——约翰·威廉姆斯奖,而扎克伯格在大二的时候退学了。

永远不要低估晚餐和使命的力量。

从2007年年末到2008年年初,扎克伯格多次在桑德伯格家中与她聚餐,他所追求的坚定无比的"让世界更开放和更互联"的使命折服了她,使她加入了脸书,成为脸书的首席运营官。2001年,当时的谷歌首席执行官埃里克·施密特说服桑德伯格加入了谷歌,施密特说服桑德伯格的理由是加入一艘能整合全球信息的"火箭飞船"。而现在,扎克伯格说服她的理由是加入一艘能整合全球用户的"火箭飞船"。后者明显对桑德伯格更有吸引力。事实上,谷歌高管之位由施密特和联合创始人拉里·佩奇及谢尔盖·布林坐着,没有"首席运营官"存在的空间,桑德伯格的上升通道发生了"交通堵塞"。

为了庆祝桑德伯格的加入,扎克伯格把硅谷最艰难的工作交给了桑德伯格。

非输即赢：广告简史

虽然最基本的口头广告和书面广告的形式可追溯至公元前几个世纪，而且范围广及中国、印度、罗马、希腊和埃及，但广告崛起为一个巨大产业的主要原因却是工业革命。

在宝洁、吉列、李维斯等大规模制造企业出现之前，全国性的零售业已经出现，比如沃纳梅克（Wanamaker's）、梅西百货、西尔斯·罗巴克（Sears Roebuck），另外还出现了先进的配送系统。这些在19世纪中期至末期盛行开来，在这之前，顾客了解当地的零售商，并从它们那里购买商品，而店主是顾客认识的人，店主会亲自制造和采购商品，并向顾客介绍这些商品。

然而，随着店主的消失，顾客了解、关注、购买商品或服务的需求，随着制造业和配送系统的成熟反而增长了。欢迎来到广告的黄金时代，随之而来的还有大众传媒时代，首先出现了报纸，然后有了无线广播，再然后是电视，最后是互联网。

如果你觉得广告已经或多或少地侵入了人们的生活，你是对的。这正是"广告"这个词的拉丁文词根是"advertere"的道理所在，该词根的含义是"转向"。

它会让你多翻几页杂志和报纸，让你等待广播电台的路况播报，让你有机会在超级碗比赛中间去趟洗手间，也会妨碍你阅读ESPN（娱乐与体育节目电视网）的头版头条。

让你"转向"某个产品或服务的广告非常重要，在某些情况下甚至是有效的，所以全球每年各种形式的广告投入超过了6 000

亿美元。

然而，就像一床发霉的毛毯，笼罩在整个广告业之上的是这样一个观念：它从来没有撼动用户和企业之间互动的非输即赢的本质，涉及数字广告时更是如此。

▶ **若广告主赢了，用户就会输**。可能某家媒体的广告在吸引用户的注意力上下了很大的功夫，结果却褒贬不一，往好里说，用户会有阅读被中断的感觉，往坏里说，用户可能会很生气。互联网的主页自动转换广告尤其如此，它们会掩盖来自雅虎、娱乐与体育节目电视网和美国有线电视新闻网（CNN）等网站的有意义的内容。是的，用户们获得了免费的内容，但随着他们越来越多地付费购买网飞等网站的免广告服务，显然，付出代价的"免费"也不会永远是赢得市场的不二法门。

▶ **若用户赢了，广告主就会输**。谷歌的搜索引擎就是一个最好的例子。当一项服务对用户有实用价值时，广告商就会觉得再靠随人们的搜索结果出现那种纯文本的小广告会限制他们与用户沟通的能力。广告商和无数在广告公司工作、旨在让客户成功的广告人讨厌无法通过视觉呈现表达自己的方式。让他们更难受的是不能令顾客对产品感兴趣，毕竟近 90% 的广告费花在了所谓的需求挖掘上。如果人们不在谷歌搜索引擎中输入"红蜡笔"，生产"红蜡笔"的公司就倒霉了，因为它们借不上迄今为止最大的数字广告工具什么力。

▶ **大多数情况下，所有人都会输**。数字广告世界面临太多广告商和用户都会输的窘境，因为那些对广告商无效，并且妨碍用户阅读有意义内容的广告毁掉了人们的体验。在处境艰难的数字世界，这样的事情天天上演。

打造脸书自己的广告产品

这仅仅是开始。

桑德伯格没有被广告业150年来非输即赢的历史束缚住手脚。在脸书公司，她的任务是在一个痴迷于以人为本的产品文化中开创出一项大规模的广告业务。扎克伯格、首席产品官克里斯·考克斯及其团队敏锐地意识到：脸书之所以能成功吸引用户，并使用户持续使用脸书，是因为他们把脸书的简约设计推向幕后，而让最为重要的人走向前台。这是脸书的最高指导原则。

对公司来说，没有什么比干扰用户体验更糟糕的事情了，而若要酝酿一场完美风暴，桑德伯格也必须能够驾驭它：人们对隐私和脸书广告利用每天海量信息的机会不无担忧，要知道，这些信息是由真实的人与其朋友分享自己的生活产生的，超过90%的脸书账户是真实存在的。

然而，桑德伯格无所畏惧。她是一位严肃认真的运营官，可以很好地调适自己的急躁情绪，避免让公司出现最坏的结果：执行不力。在这一点上，她让我想到了英特尔前首席执行官安迪·格鲁夫，他是所有优秀硅谷运营官的守护神。桑德伯格在这个重要的时间点加入脸书公司，着手工作，并在2008年上半年建立了跨越公司所有部门的运营体系，特别是考克斯将成为她的亲密朋友和知己,并与她就广告作为脸书未来的核心业务模式达成共识。

然而,脸书早期的努力表明了这种情况是多么的复杂。

在还不能集中精力推进脸书公司专门为自己打造的广告产品之前,她不得不设法让脸书跳出与微软达成的协议。该协议在她来脸书的前一年签订,这个协议允许脸书在主页上显示来自微软的横幅广告,目的也显而易见:在微软为羽翼未丰的脸书销售部分广告的同时,脸书也会为微软带来额外的广告,不过很明显,服务于微软的广告与脸书的特质不符,并占用了脸书想要为自己的系统定向发布的广告时段和位置。丹·罗斯是桑德伯格的企业发展部副总裁,经过他的巧妙处理,脸书摆脱了这项义务,这是他的一大功劳,只是摆脱这项义务是一件难事,因为广告是微软2007年投资脸书2.4亿美元的附带条件,而该交易让脸书的估值达到了150亿美元。

2009年和2010年,仅仅靠管理自己的广告产品,脸书就从其网页右侧垂直排列的少量广告收获了关注,收入也得到了合理的增长。基于用户的基本信息,如年龄、位置和明确表达的兴趣等,脸书确定目标用户,然后确定这些广告的价格,并且只在用户点击时才收费。然而,这一成功很快将互联网广告那些见不得人的招数带到了脸书:所谓的网络水军在互联网的前沿阵地上游荡,寻找机会促使用户点击他们的客户的广告。这些客户都是想要快速挣钱的企业,节食减肥和约会交友行业尤其如此。很快,凸显腰部肥肉和穿着奇装异服的女性的广告就充斥了脸书主页。

经过桑德伯格3年的努力,到2010年年底,脸书的业务开始赢利，只不过陷入了进退两难的困境。

一方面，脸书用户不喜欢劣质的广告，另一方面，人们关心的国家品牌、国际品牌和当地企业这些高品质用户没有在脸书投放广告。谁会想看减肥瘦身和约会交友企业的没什么营养的广告呢？此外，人们普遍认为脸书现有的广告规模太小，无法证明其回报会超过中等水平的电子商务平台。

设想一下，有位电影制片厂的负责人希望网站能播放精彩的电影预告片，和桑德伯格开会时，他会一直抱怨脸书设置成邮票大小的图片广告太不过瘾了，你就能明白桑德伯格过的是什么日子了。

更糟糕的是，业内的行家里手已经开始窃窃私语，想知道若是手机如海啸般涌来，桑德伯格该如何应对。随着苹果手机在2007年的问世，手机浪潮已经席卷世界。作为当时脸书自有广告产品的领导者，格雷格·巴多斯指出，手机的"右手边"没有给广告留出空间，那是你放手的地方。

来自外部的压力越来越大。2011年1月，私人投资者将脸书估值为500亿美元，这给脸书的企业增长方式带来了更大的压力。谷歌是互联网广告业的榜样，也是这方面的一棵常青树，在其生命周期的类似阶段也碰到过这种情况。2004年，谷歌经营的第六个年头，它创造了近32亿美元的收入。而在脸书经营的第六个年头，其收入却落后了近一半，只有不到20亿美元。

确切地说，桑德伯格是在追逐她过去的业绩。

用户与广告的精准匹配

当桑德伯格经受业务的疾风骤雨时,用户那头则是一片阳光明媚。从2008年到2010年,脸书的全球用户数已增长近10倍,月活跃用户数超过了6亿,同时,日活跃用户数保持在近4亿,用户参与度堪称前所未闻。这可不仅仅是把聚友网远远地甩在了后面,根据康姆斯克公司的数据,到2010年年底,脸书用户的在线总时长上升至全美第一,让之前的领导者如雅虎和谷歌的各种产品黯然失色。

取得如此巨大的成功的主要原因就是动态消息,它是脸书的核心功能,也是最常用的功能。

2006年即将结束的时候,考克斯及其团队推出了动态消息,它成为针对用户个人的定制化日报,显示的都是对你来说重要的人的消息。脸书有一个知名的算法,它将用户的交际圈平均每天可产生的1 500条信息减少至150条,这些信息对用户来讲也最为重要,拜此算法所赐,动态消息似乎成了一条永不枯竭的河流,带来的内容从崇高深奥到平淡无奇,泥沙俱下。无论是出于对价值的考量,还是迫于无奈,用户永远不会离开它太长时间。

脸书的动态消息开始时可能仅仅是一项功能,但到2010年年底,它正逐渐成为有史以来最伟大的媒体之一,因为它日益成为我们观察世界的滤镜,也就是说,我们选择连接的朋友和他们的消息已经成为我们个人定制化日报的编辑。这是脸书在履行其"让世界更开放和更互联"使命时赢得的最大胜利。

截至 2015 年年底，动态消息每分钟向世界各地的人们传递超过 2 亿条信息。随着人们使用手机的时间整体上远远超过看电视的时间，脸书和照片墙一起夺得了手机注意力的冠军，人们每 5 分钟就会花 1 分钟在看手机上，而且绝大多数时间是在看各自的动态消息。

乍一看，似乎动态消息是桑德伯格应对广告业务挑战的最佳方案了：就像动态消息表达了那些慷慨分享图片（和未来将更流行的视频）的用户的想法那样，幅面较大的广告赋予广告商同样表达自我的能力，而这些图片夹在最为重要的信息流中间，即便不是数字形式的，那也是各种类型的媒体之一。但是，自 2007 年动态消息的早期广告实验结束以来，就没有任何广告再出现在那个神圣的地方了。广告业是动态消息这个汪洋大海中的一叶扁舟。海水无处不在，却一滴也不能喝。

公司内有些产品纯粹主义者完全排斥在动态消息中掺杂广告的想法。然而，扎克伯格、桑德伯格和考克斯都知道答案更为微妙。他们必须着眼于未来，届时动态消息中的广告将与用户连接的朋友和他们分享的消息产生的内容具有同样的价值，而这个价值不取决于它需要耗费的时间，只有将最佳广告和最佳用户相匹配才能产生这种价值。这个问题涉及两个方面：一是对用户的理解是空前精准的。二是对想建立最佳人脉关系的每个用户来说，要有足够的广告可供选择。

因此，广告和动态消息的交叉将成为脸书面临的生死攸关的问题。脸书是否有足够的信息、足够的广告商（广告）以及足够的经验向合适的人提供合适的内容?

脸书是否会拿它唯一最重要的资产来冒险?如果不这样做,脸书能长期生存下去吗?

脸书引入广告

2011年,到了扎克伯格、桑德伯格及其团队深刻反省用户和广告产品关系的时候了。它们是互相增益的花生酱和巧克力,还是互不相容的油和水?在一起比较好,还是注定得分开?

用户把从其连接的朋友那里挑选的内容称为"有机的"内容,而称广告是"付费的"内容,脸书怎么可能会想到将这两种内容融合在一起会招致的巨大风险呢?如果你看到最好的朋友刚发布的消息,说他第一个孩子呱呱坠地了,紧跟着你就看到一个牙齿增白剂的广告,你会是什么感觉?

脸书在追求规模的道路上只成功过一次。谷歌做到过,它是数字广告的巨头,也是全球广告收入最多的公司,它将有机内容的搜索结果和付费内容的搜索结果合并在一个单一的搜索结果页面。该网页响应用户的搜索,将有机内容的结果和付费内容的结果合并起来,某种程度上还是人们熟悉并且认为有价值的旧式黄页。然而,脸书的目标是更大、更复杂的东西,因为它必须在没有谷歌搜索引擎提供的搜索结果的情况下展示广告。它不得不依靠复杂的算法确定哪一个才是最适合展示的广告。

需要把两件难事结合在一起,脸书才能变不可能为可能。

动态消息展现的内容得使用户和企业觉得彼此的地位是平等的。尽管广告被认为是"有人赞助的",但用一个统一的面貌示人,使企业也可以和个人用户一样分享照片和链接,还可以像个人用户一样轻松地轻拂拇指,略过过度分享的朋友发的某个沉闷的政治帖子那样,屏蔽某个广告。

不管是为了提供良好的用户体验,还是为了提升广告商的广告效力,用户需要感到某个广告是为他们精心挑选的,这是脸书广告业务在长期内获得蓬勃发展的必由之路。

广告必须要跟从朋友或关注的人那里获得的内容一样有用处和有趣味才行。

为了获取用户的转发量,作为交换,脸书和广告商必须尽最大的努力为广告内容增值。

利用自己掌握的信息资产来达到这个目的,脸书的任务是非常艰巨的。脸书每天会收发数十亿条信息,当然主要是用户点"赞"和发帖子,它不仅拥有海量的信息,也越来越能有效地利用第三方的数据来扩充这一数据库。脸书提供的最主要的服务是让各种规模的企业通过电子邮件或电话号码将其现有的用户与脸书用户相匹配,从而使这些企业能更加智能地与现有用户、潜在用户或非用户沟通。通过了解用户访问过的其他网站和来自第三方数据提供商的数据,这种服务获得了进一步发展,比如通过了解家庭车辆的记录信息,有助于了解车主的身份、购车意向、在杂货店的购物信息、家庭收入和家庭人员的构成。这些信息会在整合之后提供给广告商,如此一来,可以避免对任何个人身份的识别和定位，却额外地提供了与用户更深入地沟通必须了解的信息。一旦广告商发现其广告在某个特定的目标消费群体身上管用，它们就会径直要求脸书动用其难以置信的深刻理解力，自动寻找更多类似该群体的用户。该技术被称作"相似用户定向"，它会利用脸书用户的每一个数据，精确地判断他们与最初群体的相似性，这些数据远远超过广告商会使用的基本的人口统计特征，也是脸书的"武器库"中广告商和用户最为得心应手的工具之一。

只需观看超级碗比赛，你就会理解考虑更加周到的影响力了：在美国，市场上考虑购买新皮卡车的人约有 700 万，而观看该比赛的观众却有 1.15 亿，由于电视广告的特性，所有观众都必须忍受福特 F150 的商业广告片。谈及广告时，百货公司巨头约翰·沃纳梅克说过一句经常被人引用的话："我花的广告费一半都是浪费的。我只是不知道是哪一半。"广告的实际情况很可能更糟。在我们这个超级碗皮卡车广告的例子中，30 秒的广告费用高达 450 万美元，不过，大概 90% 的广告费都浪费掉了。脸书可以为用户和广告商提升这一低效率，这是它存在的前提。在脸书上，皮卡车广告商可以像超级碗广告那样直接接触有意购买皮卡车的这 700 万人，但浪费的广告费可能不会超过 10%。

对以上两项挑战以及脸书动态消息中的广告能否奏效的答案都深藏在脸书体验的表象之下，这种体验你和我都能看到，而且每天发生数十亿次。

每一次动态消息的呈现都涉及向某个用户展示某个广告。每一个决定都由一个复杂的算法决定，而此算法会根据评估，把与此用户交流的机会拍卖给脸书系统中最适合的广告商和它的广告，而评估依据的是对以下两点的综合考虑：基于广告商和该用户在脸书的历史行为，预测显示给该用户的广告可能产生的效果，以及每个广告商为确保引起该用户的注意而报出的竞价。

设想你在一个拍卖现场，注意到画架上放着的一幅画，语速很快的拍卖师将它出售给了出价最高的竞买者，这些竞买者是一群穿着体面、预先取得竞拍资格的广告商，其中有你所在地的牙科诊所和餐厅、你最喜欢的网络零售商以及与你当前最喜爱品牌相竞争的汽车制造商和运动服装制造商。

情况大抵如此。类似的竞价每天会发生无数次。脸书上的每一个广告都会经过一番价格的厮杀。

这并不是什么新的概念。谷歌就是这样将其用户输入搜索引擎中的关键词的搜索结果排序拍卖给为这些关键词竞价的广告商的。只需在谷歌搜索引擎中键入"新车"，就能看到广告商为你得到的搜索结果展开的价格角逐。

然而，脸书做的比这还要全面。它现在做的是匹配用户和广告商，而不仅仅是拍卖关键词。这一方面是为了充分利用脸书所拥有的数据，并与谷歌加以区别，但更重要的是，这是让动态消息中的广告体验奏效所必须做的。

除了寻求广告商和用户之间良好的匹配之外，选择让每个广告都走拍卖流程还有其他的好处，其中就包括可以让大广告商和小广告商在一个公平的舞台上展开角逐。每个广告商都可以接触到与自己关系最密切的那部分脸书用户，每次通过竞价争取那些用户对自己的关注都是物超所值的。在与用户沟通交流方面，地方小企业跟总广告投入多出数千倍的国家级或全球性企业是机会均等的。

此外，由于每个广告商以前的业绩指标在拍卖中起到了修正的作用，通过对历史用户的参与度和消极响应率较低等信息的判断，业绩较好的广告商基本上会得到拍卖折扣，而业绩较差的广告商付费会较高，因此，拍卖能够有效地利用定价策略将表现欠佳的广告商淘汰。对于这些广告商来说，一旦广费告昂贵到令它们无法接受，它们要么努力提升自己的广告水平，要么退出竞拍，不管怎样，机会的丧失给它们带来的是不快的体验。

深思熟虑者受益，轻率不周者受罚。

靠着这些仅有的信息和信心，扎克伯格和桑德伯格做出了事关脸书生死存亡的最重大的决定。

2011年12月，他们开始试验早期版本的网页式动态消息广告；2012年春，广告更加开放，手机版动态消息的第一个广告上线；2012年7月，脸书基于苹果iOS操作系统和安卓操作系统的手机应用程序广受欢迎。

随着这些广告的出现，利用其用户调查，围绕着脸书动态消息的品质认知度，脸书密切关注着它的人气，要知道，这样的调查脸书每天要做5万次。你瞧，引入广告没有引起多大的负面影响，甚至可以忽略不计。

虽然缓慢，但扎克伯格和桑德伯格稳扎稳打，让不可能变成可能——为广告找到了一个双赢的广告业务解决方案。

双赢的广告业务解决方案

短短 3 年后,再看脸书的广告业务,它不仅走上了一条双赢的道路,而且还从 5 个方面取得了成功:

用户和广告商皆受益。不管从美学上,还是从技术上,脸书都付出了努力,通过将最好的广告与最合适的用户加以匹配,脸书在广告行业取得了最显著的进步。一直以来,脸书既要对广告商的广告效果负责,又要对用户对动态消息中的这些广告的好恶负责。全球著名市场调研公司尼尔森为数字展示营销的受众触达率、受众对广告的记忆率、品牌认知度和投资回报率设定了一个标准,尽管很难对广告商的行业和目标加以总结,但当脸书的广告符合其目标受众的利益并兼顾创造性时,脸书在动态消息中的广告效果高于尼尔森的标准,手机广告和视频广告尤其如此。此外,脸书广告的千次浏览成本(CPM)和每次点击的成本(CPC)要低于推特网,而且 95.8% 的广告商认为脸书广告的投资回报率在所有的社交网络平台中是最高的,受到那些直接拥有销售目标(转化)的企业的广泛使用,而且在类似受众定位功能上超过了谷歌。

对为人所知和促成交易有好处。与对你的企业十分重要的用户进行沟通和交往的过程常常被简化成一个概念性的漏斗模型,用户会依次经历知道、考虑、偏好、交易和忠诚等阶段,逐渐关注你的企业。大多数广告媒体倾向于在这个漏斗的不同阶段占据某种特定的优势。更常用于漏斗"顶部"的是电视广告(例如,一段引人入胜的新车推广视频，或你可以节省15%汽车保险费的事实），而漏斗"底部"采用的几乎全是直邮或搜索方式（例如，本周末塔吉特百货的毛衣打七五折，或现在就从亚马逊网站购买这台电视）。然而，脸书的解决方案可以渗透漏斗的各个阶段，以适应目标多样的广告商（例如，博柏利公司希望你喜欢它的品牌服装，而好订网更愿意你预订在今晚入住），并为喜欢在漏斗模型各个阶段展开经营的广告商提供面面俱到的解决方案（如西南航空公司、梅赛德斯–奔驰公司）。

对大规模的目标受众和特定的目标受众都有好处。在脸书出现之前，大多数广告商必须做出两难的选择，要么通过电视这样的媒体或雅虎这样的门户网站大规模地接触用户，比如可口可乐和沃尔玛，要么在杂志或生活方式专业网站等较低端的媒体上进行精准的用户接触，比如迈克高仕公司或易集（Etsy）。随着脸书的发布，广告商不再需要做选择了，因为它们很高兴每天能接触到10亿用户这样一个庞大的目标受众群体。在美国，脸书用户比超级碗比赛的观众还要多，仅仅手机用户就已经超过了超级碗比赛观众数，而且天天如此。

大小广告商均受益。有些外部供应商会帮助广告商利用脸书工具，并额外培养熟练掌握这些工具的能力（通过应用程序编程接口），广告拍卖的大众化和脸书广告引擎向外部供应商的开放为各种规模的广告商创造了机会，因此，到2016年9月，脸书月活跃广告商数量增长至400万。由此带来的长尾效应使得脸书的收入非常多元化，从而弥补了它在某些个人广告商的目标、行业或地区的潜在劣势。更多的广告商同时意味着要为每个人选择更多的广告。而脸书用户在全球的持续增长意味着每个广告商拥有了更多的选择。所有这些共同创造了一个广告商和用户的增长系统，该系统越大，广告商和用户就会越好，这使得世界上规模最大和质量最高的广告商信服了脸书的质量和效率，最终也选择加入。节食减肥和约会交友行业再见了！

对传统的数字广告和手机广告都有利。还记得业内人士关于扎克伯格和桑德伯格如何应对手机海啸的传言吗？这些话都消失了，取而代之的是对脸书创造了最令业界羡慕的手机广告解决方案敬畏的尊重。脸书持续地推送有机内容和有偿内容，而且完美地应用于手机，被用户的拇指所控制。事实证明，即使对世界上最大的广告商而言，脸书也成功证明了它的效果比电视广告这一广告的始祖的效果要好。

持续完善广告产品

虽然脸书成功地引入了广告，但 2016 年之前，它仍是排名第二的广告供应商，位居谷歌之后。前方仍然有要面临的挑战，最困难的却是成功带来的直接结果。

如果脸书将其广告时段和位置全部出售，注重广告商的利益而不是更快地发展用户，不再更多地展示每个用户的内容，也不愿意增加其广告投放量（即用户看到的有机内容与付费内容的比率，历史上此比率一直处于 10∶1 左右），其广告竞价的供求状况可能不佳，从而导致所有广告商的竞价上升，以至脸书广告慢慢地也就不再那么吸引人了。

有很多可行的方法可以用来应对这一挑战，首要的就是让脸书上的每个广告都更加有效，从而更有价值。这就是脸书推出新型广告的原因，包括视频广告和全景视频广告，多单元水平滚动广告和全屏画布广告，这些都源自脸书的即时文章技术，用户能在动态消息里直接打开这些广告，这种做法最初已被证明效果是非常好的。同样的内容只有在制作完成，并可以成功被用户分享之后，才会推介给广告商。

在脸书的战略任务清单中，接下来的是两项改进广告时段和位置的方式。首先，要使现有的广告时段和位置更加卖力地运转。虽然北美和欧洲大部分地区等关键区域的广告时段和位置售价越来越高，但在其他区域，仍有机会以更高的价格销售更多的广告时段和位置。脸书的北美用户平均收入是欧洲用户的 3 倍，是世界其他地区的近 10 倍。其中很大一部分原因是不发达国家的广告业价值较低，因为它们的市场经济较不发达，其用户的可支配收入较少，而且往往少很多。针对移动通信基础设施发展较慢的地区，脸书专门开发了适合它们的广告产品，甚至每逢星期二，故意将自己在门洛帕克园区里的网速放慢，以便让员工体验这些市场中的用户的感受，从而产生共情作用。

其次是增加广告时段和位置。脸书于 2012 年收购照片墙时，就已经开始在照片墙展示广告了，此外，脸书还不断将广告扩展至广告联播网（Audience Network）拥有的网站和手机应用程序，当时，脸书通过自身的广告技术在广告联播网中匹配用户和服务类广告，并分享由此产生的收入。截至 2016 年 12 月，照片墙的月活跃用户数超过了 6 亿，在用户数量上已经超过了推特，在用户的在线时长方面更是远超推特，这直接关系到用户消费的内容数量，因而也关系到用户消费的广告数量。利用同样谨慎的计划方案和基础技术，脸书不但在自己的动态消息中展示广告，而且在照片墙中展示广告，它已经在类似照片墙动态消息的媒体上增加了广告收入，而且非常成功。

除此之外，挖掘脸书迄今尚未开发的收入来源，也就是针对谷歌的核心业务——提供脸书版搜索引擎和搜索广告展开竞争，这既是挑战，也是机会。搜索广告就是对在搜索结果中出现的广告进行竞价，2015 年的搜索广告是一个价值 800 亿美元的全球业务，而谷歌占了最大的份额——450 亿美元，据市场研究公司 eMarketer 估计，到 2019 年，这项全球业务会增长至 1 300 亿美元。谷歌的产品和业务是有史以来最好的设计之一，这解释了为什么桑德伯格和扎克伯格要花时间确定脸书是否能够提供一个更好的解决方案，如果能的话，还要确定如何按照轻重缓急安排他们的产品开发计划。虽然这需要外部互联网上的无数信息和脸书内部的无数信息的复杂互动以及通过人工智能将用户在脸书上发布的形式自由的帖子和评论组织成和外部互联网的网页和链接一样容易被搜索到的内容，但开发出比谷歌搜索引擎更好用的产品是可能的。不过，这要期待桑德伯格、扎克伯格及脸书一些技术最先进的团队表现出耐心。要知道，在 2018 年之前开发出这样一款产品是不可能的，但它的出现会在谷歌和脸书之间掀起一场空前规模的抢收大战。

整合全球用户

撇开挑战不说，不可否认的是，脸书广告产品的势头强劲。截至 2015 年第三季度，脸书的日活跃用户数达到了 10 亿。自从在脸书的动态消息中投放广告以来，脸书的广告年收入已经翻了两番。截至 2015 年第四季度，来自手机动态消息的广告收入高达 80%，不到 3 年的时间，该业务的年收入从 0 迅速增长至 100 亿美元。

截至 2016 年 9 月已经有 400 万活跃的广告商（广告商数量从 300 万到 400 万仅花了 6 个月时间），通过其产品主页出现在脸书的全球企业总数在 2016 年 7 月超过了 6 000 万，为这些潜在的付费客户提供的产品越来越多，从脸书、照片墙和广告联播网的广告到未来客户参与脸书信使和网络信使的电子商务工具。

好消息不断，据 eMarketer 的估计，2016 年，美国数字广告的年支出超过了电视广告的支出，到 2019 年，手机广告的支出在全球广告总支出中的份额将翻一番，达到每年近 2 000 亿美元，脸书公司（脸书和照片墙）将占近 400 亿美元，预计会成为非搜索广告的领军人物。脸书公司已经清楚地看到了市场趋势之所在。

桑德伯格承担了硅谷最难的工作，基于她在谷歌学到的东西，她将整合了付费广告和有机内容的产品推销给各种规模的广告商，并与扎克伯格和脸书产品团队一起，打造出了一个更强大的广告产品，可以长期服务更多的广告商，满足它们的需求。

尽管在5年之内，谷歌会继续稳坐头把交椅，但从发展趋势看，脸书将有机会超过它。

回头看2008年，那时桑德伯格和扎克伯格多次共进晚餐、相互交流，事实证明他们的观点没错：唯一比整合全球信息影响更大的是整合全球用户。

第 7 章

技术的使命是帮用户提高效率

常识五

速度就是功能

背景：智能手机让我们觉得自己的时间更多了，因为在星巴克排队时的 1 分钟里，我们可以查看新闻、赛事比分或热点事件，同时也让我们觉得时间更少了，因为有这么多的信息，而时间又这么有限，所以，我们喜欢的服务必须速度够快才行。

脸书的应对之策：为了提供世界上最吸引人的服务，脸书致力于整合软件、硬件、网络、架构甚至耗电量等复杂难题，以便用户可以自发地使用脸书，然后，它也无私地奉献出自己绝大部分的技术，以刺激行业更快地发展。基础架构层面的服务跟上层架构的服务要同样优质。

引人深思的问题：你如何才能让你的基础架构运转得更快？

这是一个关于如何建云的故事。一朵非常大的云。

还记得查马斯、哈维尔、亚历克斯和娜奥米以及脸书的增长小组吗？他们在 2008 年和 2009 的工作重点是让新用户得到切实回报，在这些年中，他们每年都会将服务规模扩大一倍（见图 7.1）。

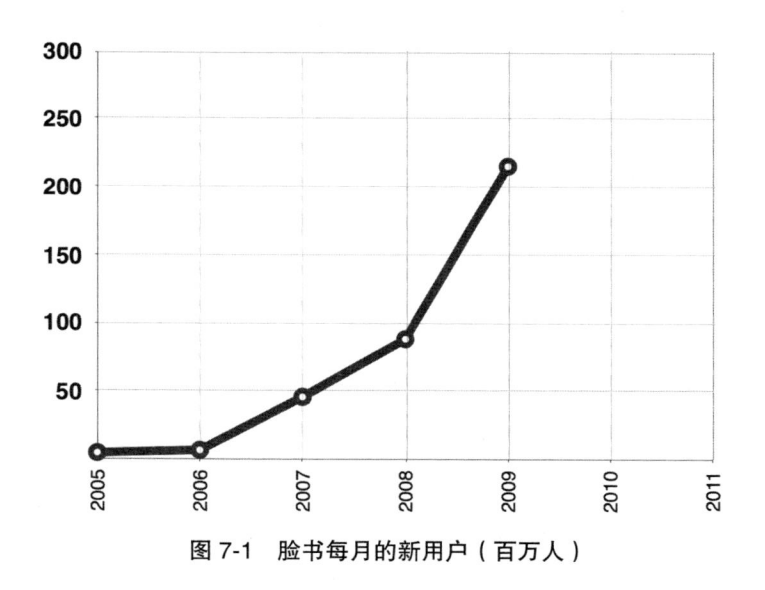

图 7-1　脸书每月的新用户（百万人）

进入 2010 年，脸书开始面对一项非常现实的挑战，因为它必须应对未来一年里的新增用户，这些新增用户数量堪比过去 5 年半的时间里增加的用户数，而且每个用户共享的内容也比以往任何时候都要多。

做到这一点简直就是一个现代的奇迹，而要实现的东西还是完全看不见、摸不着的，我们将它称为"云"。

脸书的信息革命

19世纪初，工业革命如火如荼，火车和工厂颠覆了生产和分销的方式。当时，对大多数人来说，高效率的蒸汽机、先进的冶金和动力织机等"技术"就是一个谜，毫不夸张地说，使这一切成为可能的工人就是一个一个机器上的齿轮，无名无姓。

两百年过去了，21世纪初，信息革命也同样如火如荼地进行着。网络就是它的火车，计算机就是它的工厂，并且它们改变了信息产生和传播的方式。其光纤、数据中心和无数代码的技术要比工业革命的技术复杂许多倍，但大多数人不仅不理解它们，甚至看不到它们，因此他们争吵不已。

当然，脸书公司是信息革命的一部分，但与其他公司相比，它要稍好一点才行。我要举电影《摇滚万岁》为例，据说电影中的那支重金属乐队的扩音器更响亮，不像其他乐队的扩音器音量旋钮最多拧到10，他们的能到11。脸书的扩音器是考克斯已经孕育了10年的个性化新闻吗？事实证明，如果你必须把它推销给遍布全世界的10亿人，而且有上万种设备，用户不仅会每天登录，而且往往每人每天会登录数十次，这项技术将是非常复杂的。

1996年左右，雅虎还是网络1.0版的门户网站，它有一个链接到其他网站和路透社新闻文章的目录，若要推出一个雅虎那样的网站，你必须存储一个素材库，然后将素材发送给数千万点击它的用户。没有算法，也没有个性化。

随着搜索引擎特别是谷歌的出现，事情愈加复杂。为了创建一个互联网地图，谷歌的计算机必须不断地"爬"过大型网络，为其内容编写索引，以便当你开始查询"《权力的游戏》第七季何时首映"时，可以通过其算法为你指明去维斯特洛的道路。使用谷歌网页排名搜索算法的人达到了 10 亿，表明门户网站在规模、复杂度和速度上取得了巨大的进步，但是我们都在搜索同一个信息源，得到的基本也是同样的答案。（我承认此处稍微简单化了，因为考虑到搜索的国家和地区，以及之前的搜索史，谷歌的搜索结果多少带有个性化。）

然而，用户的脸书动态消息是完全个性化的：朋友及其分享的内容是你主动关注的，每个人有每个人的隐私设置，而且页面呈现的都是你最感兴趣的内容。

收集和发送你个人的卡片式新闻大约需要 1 秒钟，但它需要分布在多个地点的 100 台服务器、来自数据对象的无数数据段和不同数据库的关联。

在手机时代和注意力稀缺的时代，脸书知道你不在乎这一切有多么复杂。因为速度是一种功能，它的工作单位是毫秒。

表 7-1 比较了信息革命中关键角色的相对复杂性。

脸书起步时很简陋，当时它是在一个租用的服务器上建立的基础网站架构，每月租金 85 美元，每次增加数万名学生，就是在这样的基础上，它取得了长足的进步。

今天它服务的用户超过了 10 亿人，每天呈现无数人的故事，收集 100 多亿个赞、评论和分享，还有 10 亿多张照片，新的存储空间需要几个拍字节，即 10 亿兆字节，还有很多艾字节的存储空间可用于没有上传的图片。

表 7-1 不同互联网服务的规模和复杂度

	事物的数量	事物的规模	信息源的数量	触达的用户数	是否应用算法
雅虎初期	中等	小	1	数亿	无
网飞	小	巨大	1	数千万	简单
YouTube	数十亿	大	数百万	10亿多	简单
谷歌搜索	数万亿	小	1	10亿多	复杂
网络信使	数十亿	小	10亿多	10亿多	无

脸书必须存储、理解这些数据的复杂的关系,并在一瞬间发出数万亿的信息,同时让它们免受某些骚扰,这些骚扰小到垃圾邮件,大到有组织的网络攻击。

毫不奇怪,到 2015 年,脸书拥有了 36 亿美元的设备和 39 亿美元的房地产,每年还要在创建和管理这些系统的工程师身上投入 48 亿美元。

正是这些工程师和资产使你可以在星巴克排队时快速浏览自己的脸书动态消息、照片墙或脸书信使中的内容。它比 10 年前的信息革命更复杂,我们不知道它是如何工作的,也不清楚是谁造就了它。

接下来,我很高兴地向你介绍几位造云的灵魂人物。

技术团队的灵魂

对脸书的数字工厂有贡献的人成千上万,包括扎克伯格在哈佛大学的室友、一起学计算机的同学和脸书的共同创始人达斯汀·莫斯科维茨以及乔纳森·海利格。达斯汀仅用了几天就学会了必要的编程技巧，迅速成为扎克伯格的帮手，致力于解决初期在扩展脸书基础架构方面遇到的技术挑战，而乔纳森则是一个多产的网络专家，从2007年到2011年，他是脸书负责基础架构建设的副总裁。但是，在脸书建立云计算的高管之中，没有比首席技术官麦克·斯科罗普夫及其工程副经理杰伊·帕里克干得时间更长的人了。

斯科罗普夫现在40多岁，在脸书公司大家都亲切地叫他施雷普（Schrep），他先在摩斯拉（Mozilla）担任工程副总裁之职，其间他开发出了火狐浏览器（Firefox），这是当时第二个互联网浏览器，之后，当美国太阳微系统公司收购了他创办的数据中心供应公司之后，他加入了美国太阳微系统公司，直到2008年加入脸书。施雷普戴眼镜，从其神情举止不难看出他是什么样的人，他是斯坦福大学的计算机硕士，不管是自己做事，还是负责脸书的工作，都表现了突出的能力，而且充满热情。在脸书的一个通宵编程马拉松活动中，他能够跟比自己年轻20岁的程序员打成一片，这种编程马拉松的目的是为未来设想和建立模型。但在讲台上面对数百位能为脸书带来数百万美元收入的广告客户时，要能简单明了地解释脸书复杂的技术，尽管广告客户对技术细节知之甚少，他们却想知道使用斯科罗普夫团队的创新产品跟在电视上做广告一样安全。

帕里克45岁左右，显然不会错过任何健身的机会，他于2009年加入脸书，此前的大部分职业生涯是在阿卡迈技术公司（Akamai）度过的。他在阿卡迈成立初期就加入了这家公司，阿卡迈是一家内容分发网络，承担了全球 15% ~ 30% 的网络流量，若要理解到了脸书之后摆在他面前的挑战，这是一个非常关键的背景。信息革命拥有极其乏味的超高速度和极大的复杂性，而且很是无情，只要是事情出了差错，就会把你推到聚光灯下。对工作在这种信息革命"锅炉房"里的人来说，帕里克传递了某种能量，更重要的是，他传递了某种意义，不仅感染了数字锅炉房里的其他人，也感染了他在脸书的同事和整个行业里的无数人。在其团队开发出目前这个基础架构时，他就要开始考虑全新一代的基础架构，对他来说，这就是他工作的特点，而不是一个漏洞。

施雷普和杰伊携手并肩，负责开发每一个硬件和软件，这些硬件和软件要在让你乐于使用的脸书产品上发挥作用：

（网络性能＋服务器性能）× 代码效率 ＝ 😊（开心）

但是，这些看不见、未听说而且无法移动的硬件和软件是什么？

脸书的产品：硬件

Infra 是一个拉丁语前缀，其含义是"在……下面"，在脸书内部，它也是一个简称，代表运行脸书软件和服务的硬件基础架构，以及搭建和维护它的团队。

确切地说，这个字表示"位于……之下的东西"，甚至包括土地。2010 年，脸书推出了第一个由其世界各地的公司拥有和运营的数据中心（除了在加利福尼亚州和弗吉尼亚州的公司是租用的空间），到 2018 年，数据中心将达到 7 个：

普赖恩维尔，俄勒冈州（2010 年 1 月开业）：31 万平方英尺①

福里斯特城，北卡罗来纳州（2012 年 4 月开业）：30 万平方英尺

吕勒奥，瑞士（2013 年 6 月开业）：30 万平方英尺，计划未来要扩展

阿尔图纳，艾奥瓦州（2014 年 11 月开业）：30 万平方英尺

沃思堡，得克萨斯州（2016 年开业）：届时会达到 75 万平方英尺

克洛尼，爱尔兰（2017 年开业）：30 万平方英尺，计划未来要扩展

洛斯卢纳斯，新墨西哥州（2018 年开业）：届时将达到 51 万平方英尺

到 2018 年年底，脸书公司大楼里容纳硬件的面积将达约 50 个足球场大小，超过迪士尼乐园"神奇王国"的一半，这些硬件的物理、机械和电的配置是脸书公司根据用户的需求设计的，并采用露天蒸发冷却的方法，避免了空调能源利用效率的低下，减少了密集包装的电气设备散出的热量。因此，他们的设计使得耗电效率（PUE）达到了 1.07，属于行业领先水平，也就是说，输入

---

① 1 平方英尺≈0.09 平方米。——编者注

大楼的 92.5% 的电力被用到了硬件上，而不是浪费在变压器、转换器或空调上。

这些站点的建造成本每个都要超过 10 亿美元，而且耗电多达 50 兆瓦，它们之所以被选中，是因其成本低、可靠性高、可再生（瑞典、得克萨斯州和新墨西哥州是 100% 的可再生能源，分别使用水电、风电和风电/光伏发电），用于蒸发冷却的水充足，处于郊区可减少房地产成本，并适当地接近互联网的最大交换中心（从信息高速公路的匝道到最宽的车道）和脸书的用户。

大楼一旦建成，它们就需要通过重新设计的基础动态网页服务体系连接到互联网。虽然脸书没有透露其"从端口发出信息"的速度，即 1 秒内离开所有脸书数据中心的数据量，但我们可以从 2015 下半年的评论和数据中推断出它们的运行速度为每秒兆兆位。

你在网飞上观看《发展受阻》的高清信息流大约是每秒 3 兆，也就是说，脸书的带宽是你家家用带宽的数百万倍。

脸书的带宽需求是增长最快的，2013 年增长了一倍，2014 年，随着动态消息中增添了收看视频功能，带宽实现了惊人的 5 倍增长。为了让你对当时的情况有所了解，表 7-2 对脸书与其最大的竞争对手谷歌就各自的服务在全球移动互联网流量中的占比进行了对比。

惊人的带宽也需要在大楼内加以维护，因为数据传输至许多服务器机柜的隔舱，再到这些隔舱内的单个机柜，最终到达单个机柜内的单个服务器，这就是所谓的"交换"。单纯为了提高脸书网络架构的速度，脸书建造了自己所有的网络设备。

当然，这之后才是服务器本身，这是所有二进制数字储存之所，也是所有处理它们关系的代码运行之处。你猜到了，脸书自己也设计服务器，去掉不需要的构件，并加以搭建，如此一来，脸书就可以选择英特尔或超微半导体公司的服务器芯片（每个芯片都包含十几个中央处理器），再升级的时候不仅灵活，而且速度也快。

表 7-2 移动互联网流量百分比

	北美	欧洲	中东	非洲	拉丁美洲	亚太地区
脸书公司	20%	16%	23%	15%	35%	10%
脸书	16%	16%	14%	5%	25%	8%
照片墙	4%		7%		3%	2%
网络信使			2%	10%	7%	
谷歌公司	24%	24%	26%	9%	29%	20%
YouTube	21%	21%	23%	5%	23%	18%
其他	3%	2%	3%	4%	6%	2%
第三大的公司	4%	2%	4%	7%	2%	3%

数据来源：桑德维恩公司（Sandvine），2015 年第四季度。

脸书不会透露它用了多少服务器，但是，我们可以基于其数据中心的总能耗、能效和脸书服务器设计的有文件可查的功率电路加以粗略计算：在 2017 年年底首批 6 个数据中心建成，在装满服务器之前，脸书运行的服务器可能会有 100 万台，中央处理器超过 3 000 万个，这使它成为世界上首先开展云计算的运营商之一，其他公司如谷歌、苹果、微软、亚马逊等，也在世界各地建立了数千万平方英尺的数据中心。

脸书的产品：软件

拥有了所有的硬件还不够，你还需要软件使之运行起来，它们由数千万行代码构成，但这只是脸书致力发展的开源社区的一部分，在这样的社区中，整个行业的人都可以公开地分享和改进这些代码。

大多数软件都在脸书服务器上运行。MySQL 和 Memcache 等数据库技术大名鼎鼎，高不可攀，但在其上的服务是脸书建立的关联分析和对象（The Associations and Objects, TAO），它可以追踪数万亿的资讯（例如用户、动态和评论）和关系（例如马丁是史蒂夫的朋友，史蒂夫在悉尼歌剧院验票入场，马丁为史蒂夫点赞），并能每秒处理数十亿次请求，还会看到客户定制的、被贴切地称为"干草堆"（Haystack）的系统，其中可存储和检索数百亿照片和视频。

如果为了让你看到每张想看的照片，始终都要返回到某个特定数据中心的特定服务器，这会把这个干草堆压垮的，所以，脸书使用了一种称为"高速缓存"的软件技术，将那些最常用到的数据片段广泛地存在整个互联网中：比如你朋友发布了度假的照片，第一次要求存取该数据段时，它不会被缓存到各个地方，而是必须到某个脸书数据中心的原始服务器中检索，但当它通过互联网传回给你时，它会先缓存在数据中心的数字入口的原始缓存器中，然后，缓存到世界各地无数个周边缓存器中离你较近的一个网络交叉点，最后，缓存到你的电脑或手机中。下次你若想查看该图片，只需从自己的设备调出即可。如果你在互联网上有一位友邻想要看这张照片，就可以从其周边缓存服务器中检索，甚至世界其他地方的某个人也不必从原始后端服务器中得到它，因为从处于数据中心入口的原始缓存器中就可以将它调出来。

对脸书来说，这样运行的效果特别好，理由有二：

第一，把人们从脸书上检索内容称为"读取"，缓存可以处理这件事，而把人们存入内容称为"写入"，读取和写入必须始终回到脸书唯一一个真实数据中心的数据库，读取内容的比例是写入的 500 倍。

第二，脸书最受欢迎的数据段要比其他的数据更受欢迎。根据脸书的一项随机抽样调查，在 260 万张被浏览过的照片中，75% 的用户想看的只是其中 3.73% 的照片！

因此，毫无疑问，缓存对于脸书来说是至关重要的，并且对用户能体验到的实际服务表现贡献甚巨。表 7-3 以一个样本照片数据为例，说明在缓存网络的每个层级上需要处理的请求频率。

表 7-3　取用数据时，脸书各层级缓存服务器承担的比例

	缓存取用比例
浏览器（客户端）	65%
周边服务器（网络交叉点）	34.5%
原始服务器（数据中心）	14.5%
后端服务器（服务器）	9.9%

这就是缓存如此有价值的原因所在：跟不使用缓存相比，即便是原始服务器只需处理 9.9% 的请求，它的负担也会增加 10 倍。

但是，这还不是数据库和服务器的所有问题。施雷普团队的很多软件资源也用于构建和优化我们的手机体验，这颇具挑战性。多年以来，随着手机复杂性的激增，团队必须处理 10 000 多种不同类型的手机，其中很大一部分手机安装了谷歌的安卓系统，而且在全球范围内，网络环境更是复杂多样。

脸书从 2007 年推出第一个手机版优化网站，2008 年发布第一个基于 iOS 操作系统的应用程序，2009 年发布基于安卓操作系统的应用程序，到 2011 年改写 iOS 操作系统应用程序，2012 年又完全改写 iOS 操作系统应用程序，从而将其性能提升一倍，并使可靠性显著提高，再到 2015 年在新兴市场推出全新的脸书精简版，该团队痴迷于加速，以 100 毫秒为单位，锱铢必较，当减则减，以提升用户在打开脸书应用程序、连接网络、取用数据、评估动态消息的新屏布局或收发短消息时的体验。该团队已经建立了自动化系统，模拟各种类型的设备和网络，可以自动测试他们所做的每一个更改。

一会儿是硬件，一会儿是软件，林林总总地说起来让人觉得有些晦涩难懂，所以，让我们看一看脸书用户觉得较熟悉的几个具体项目吧。

脸书数字工厂的伟大成就

两年 4.85 亿用户。还记得在 2009 年年底脸书面对的那种情况吗？1 年的用户比最初 5 年半的用户还要多。为了成此大业，它推出了第一个特别设计的数据中心，以及自己开发的对互联网最流行的开发语言之一的高效优化系统（优化了PHP脚本语言程序代码转换器的集合和HipHop虚拟机），将其服务器的效率提升了6倍多，等同于购买了6倍数量的服务器。脸书不仅扩大了硬件基础架构的规模，同时还大幅提高了效率。

付出所有这些努力之后结果如何呢？2010年和2011年，增长小组毫无纰漏地为新增的4.85亿用户提供了支持服务，不论在此之前，还是在此之后，它都是脸书历史上用户增长最多的24个月（见图7.2）。

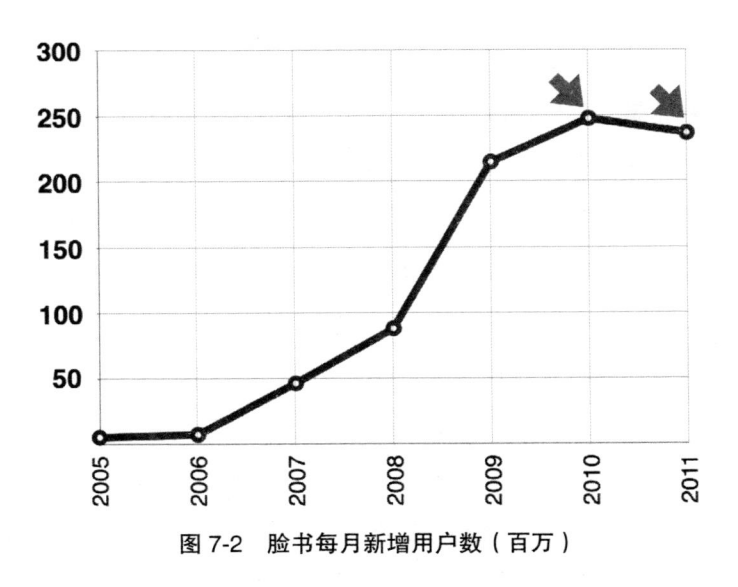

图 7-2 脸书每月新增用户数（百万）

你或许认为脸书会像可口可乐公司保护它的原始配方一样，对使自己成功的技术秘而不宣吧？正相反，脸书全都公开了，它把HipHop和HHVM等支持性软件技术贡献给了开源软件社区，并在 2011 年 4 月公开了海利格想出来的开放计算项目（Open Compute Project），这在硬件行业还是头一回。脸书将数据中心的所有设计成果分享给了行业中其他的公司，其中就有苹果、微软和谷歌，这些成果包括服务器、存储和网络系统，甚至还包括建筑物的建筑风格。这些支持性技术对于脸书来说很重要，但不如更大的技术社区也能拥有它们重要，而且，它们还可以共同提升业绩。

为了让这些技术的分享收获更大的好处，脸书加入了乔纳斯·索尔克和特斯拉的行列，乔纳斯没有为他发明的脊髓灰质炎疫苗申请专利，而特斯拉则是完全公开了电动汽车的专利。

照片墙。你还记得 2013 年照片墙拥有 2 亿用户和 200 多亿张照片的时候，它的基础架构却发生了巨大变化吗？我也不记得。

这是因为在长达 1 年的时间里，照片墙的基础架构要从亚马逊云服务（AWS）向脸书迁移，整个过程非常顺利。而亚马逊云服务，是一种卖给不具备自己团队的公司的云端服务。

照片墙团队及其脸书新同事的成功已经成为一个教科书般的案例，他们联手组成了一个基础架构团队，完成了这个复杂的迁移过程。他们必须在不断网的情况下分两步迁移，甚至要让用户在手机登录照片墙时都感觉不到任何变化，在这个过程中，他们还要获得规模、速度和可靠性的优势，以避免 2012 年东海岸暴风雪期间照片墙发生的网络中断情况。到 2016 年 12 月，照片墙用户已经超过 6 亿，照片数量达到 400 亿张（更多关于收购照片墙的内容见第 9 章）。

视频直播。我们都知道脸书如何革命性地改变了照片共享的方式，并解决了因此所需的巨大存储空间和服务性的基础架构问题。现在想象一下，当用户每天新增 80 多亿次视频浏览，人工智能还要利用能保证图像质量最高和尺寸最小的编码技术，自动分析和压缩上传视频的不同部分时，会对该基础架构的大小和复杂性产生的影响。或者，设想一下这件事的复杂性：为文件更大的全景虚拟现实视频找到创新性压缩、存储和播放基于视点的自适性串流技术的方法，而且速度还要快 3 倍。

据思科公司称，到 2019 年，预计视频将占据互联网流量的 80% 以上，复杂性毋庸置疑。但也许没有比帮助范·迪塞尔用他的手机直播他对他正在读的最新电影剧本的想法，同时还能让他近 1 亿脸书粉丝中的 100 多万人顺利观看这场直播更复杂的了。

对于直播，脸书的系统不再有相对奢侈的空间，用于上传视频、仔细编码、存储文件，然后让用户在想看的时候再去检索它。

这一切必须在短短两三秒内发生，也就是说在迪塞尔正说的内容、崇拜他的粉丝们观看并给予评论、迪塞尔再做出回应之间似乎不能有明显的延迟。可惜，由于迪塞尔和其他诸多名人及公众人物在脸书上很受欢迎，他们的粉丝对直播热情高涨，再加上粉丝可以在自己的动态消息中观看直播，这都使粉丝像潮水一样涌来，大有淹没直播的流媒体服务器之势，脸书工程师团队贴切地将这称为"惊群"问题。因此，脸书团队必须重新回到缓存体系架构，构建一个系统，在粉丝所在地的边缘服务器（edge server）上保存粉丝订阅直播流的请求，直到流服务器可以将视频推送到所有边缘服务器上（每个边缘服务器可以同时响应大约 20 万个用户），并确保边缘服务器可以处理每个粉丝的后续请求，从而将约 98% 的视频流服务器请求分流掉，确保迪塞尔与粉丝之间的交流畅通无阻。

脸书基础架构的未来

在脸书公司，斯科罗普夫和帕里克喜欢开玩笑，声称他们的团队在产品开发的投入上只会不断增加，没有上限。滑稽的是，20 世纪 90 年代的喜剧《王牌大贱谍》中邪恶博士的那些"带着激光器的鲨鱼"就已经体现了这种想法。

然而，该团队在追求脸书使命的道路上走得越远，这个笑话就越不好笑。

连通性。在通过自己的数据中心、网络、服务器和软件彻底改变了人与互联网的连接方式之后，脸书将其注意力转向了革新人们连接互联网的方式。

还有什么事能比在地球上建立自己的基础架构更复杂的？答案是在空中建立自己的基础架构。

在第 5 章，我们已经听说过脸书计划于 2016 年推出的 Amos-6 卫星，以扩大在撒哈拉以南非洲地区的网络互联互通，但脸书并没有止步于此。用卫星服务人口稀少的农村地区在成本上是不划算的，为了能够覆盖此类地区，脸书收购了英国无人机制造商艾森塔（Ascenta），并开始制造太阳能无人机。其翼展与波音 737 相当，而重量只有丰田普锐斯的 1/3，它利用激光在空中传输数据，每秒可传输 10G 字节，飞行高度可达 6 万至 9 万英尺[①]，一次飞行可持续 3 个月。

不，这架太阳能无人机此时还不是鲨鱼，只不过能发射精准的激光光束，在飞行当中，从相距 11 英里的地方可将目标范围精确到一角硬币大小。

这些无人机成组地编在一起，每架无人机覆盖直径约 100 英里的一片区域，然后再连接到一个单一的地面基站，这个基站通过无线电信号与互联网接口相连，通过激光从一个无人机把信号传递到另一个无人机，然后下行到许多更小的地面基站，将无线电信号转变为农村社区当地的 WiFi 或蜂窝连接。这样做的目的是为了避免建设昂贵的地面光纤基础设施，为没有能力或兴趣承担这项工作的运营商或政府提供低成本的新型连接方式。

不过，脸书要与网络运营商合作，发现更有效的新方法，将几十亿人连接起来，可做的事情可不只是无人机（更多内容详见第 14 章）。2016 年，脸书启动了 TIP 项目（Telecom Infra Project），整合了类似美国电话电报公司、威讯、德国电信和韩国 SK 电信（韩国最大的移动通信运营商）这样的电信基础设施提供商，将数据中心服务器基础架构的硬件设计与其他技术社区分享，而且电信基础设施也采用了同样的开放方式，它包括基础设施的存取点（用户连接网络的端口，例如一个蜂窝基站或 WiFi 接入点），还有

[①] 1 英尺≈0.30 米。——编者注

网络核心以及两者之间的回程网络。

人工智能。如果说无人机是先进的通信基础设施，那人工智能就是先进的软件。教计算机学习和思考将为帮助脸书理解图片、视频、演讲和文本产品发挥重要作用，包括脸书虚拟助手M（更多内容见第13章）。跟对待自己已经拥有的很多软件和硬件一样，脸书正将神经网络训练代码和为特定目的设计的服务器贡献给开源社区，人工智能软件利用的数据越多，它的学习能力就越强，而计算性能则成为人工智能取得进步的一个根本性的制约因素。

虚拟现实和增强现实。除上述对现实世界的开发外，脸书也进行虚拟现实的开发，收购的虚拟现实头盔制造商傲库路思（更多内容见第15章）也归施雷普负责，这些努力会给用户提供适合未来屏幕的软硬件生态体验系统。这会是范·迪塞尔等人的3D直播吗？

在手机体验、令人难以置信的数据中心、电信基础设施创新和未来化的用户界面之间，脸书的数字工厂已经投入了资金，付出了努力，实践着它那让世界更开放和更互联的使命。

第 8 章

与谷歌对战

常识六

要了解的永远只有用户，不是对手

背景：在你攻击竞争者之前，或者被竞争者攻击之前，你必须了解每个竞争对手在你的用户中被接受的程度，然后相应地加以谋划。

脸书的应对之策：当谷歌紧随其后，推出类似产品时，脸书认识到自己拥有跨越用户鸿沟的优势。脸书没有慌乱，而是更加强化自己的优势，直面谷歌的进攻。

引人深思的问题：你提供的产品在多大程度上为用户所接受？在这方面，你的竞争对手是什么情况？

2011年年初,脸书已经征服了交友网、聚友网和推特,但相对而言,它们都是一些互联网的小联盟,并且当时有消息称,谷歌将在2011年年中隆重推出一款名为谷歌+(Google+)的全方位社交网站。

说到当时脸书与谷歌之间的竞争,人们很自然地就会把它比喻为大卫与巨人歌利亚之间的战斗,但对于脸书而言,现实更加无望。据《圣经》所述,歌利亚的身高介于2.1米至3米之间,而大卫约1.6米高。谷歌与脸书之间的真实差距更像是美国职业篮球联赛的中锋大鲨鱼奥尼尔和一只小猫咪的身高差。

当时,脸书有员工2 127人,而谷歌有24 400名员工,差不多是脸书的12倍(见图8-1)。

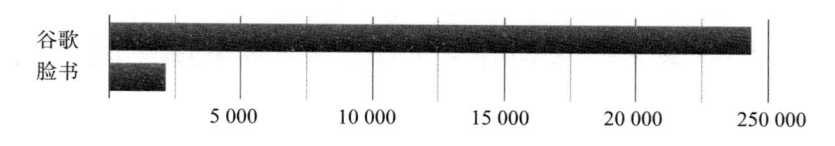

图8-1 截至2010年年底的员工数量

在营业额方面,谷歌的年收入是脸书的15倍,两者分别为293亿美元和19.74亿美元;净利润则是脸书的14倍,两者分别为85亿美元和6.06亿美元。没错,谷歌的净利润都超过脸书年收入的4倍(见图8.2)。

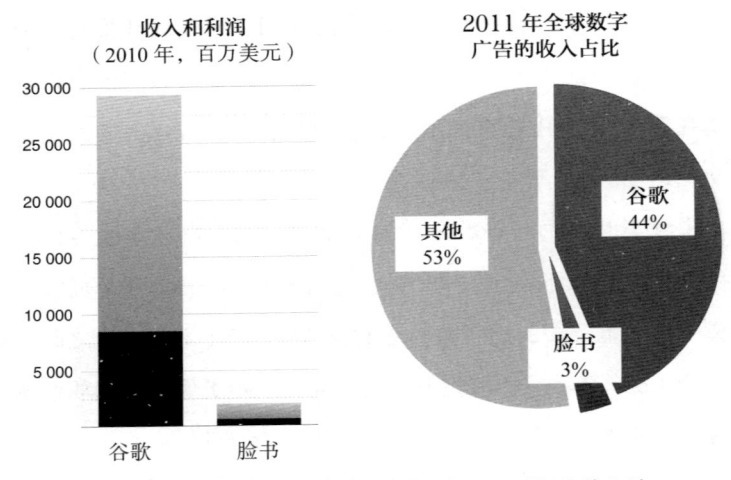

图 8-2　全球数字广告市场的收入、利润和收入比

2011年，谷歌不仅垄断了搜索广告业务85%的市场份额，而且在全部数字广告业务中占到了44%。脸书的份额是多少？只有微不足道的3.1%。

这是一场避无可避的竞争。跟脸书曾经做的一样，这完全不是同一个级别的竞争。

脸书生死攸关，谷歌则无关紧要

在这场遭遇战中，尽管从商业指标上看，谷歌明显优于脸书，但在人们心目中，二者的角色和地位是平等的：谷歌是搜索领域的领头羊（每天36亿次搜索），脸书则是社交网络的领先者（6.08亿月活跃用户）。

脸书面临着一个很大的困境，那就是如果谷歌在社交网络上击败它，它将一无所有，因为当时的脸书没有其他后路，退无可退。

对于谷歌来说，结果则没有那么令人担忧，如果它对脸书的入侵失败了，谷歌仍旧可以保持自己互联网搜索领导者的地位，坐拥高额利润。

这可是脸书下的最大赌注，谷歌也非常认真地对待这件事。早在2010年3月，知名的谷歌早期雇员、工程部门副总裁乌尔斯·霍泽尔写了一份宣言，"在谷歌内部掀起了一场乌尔斯地震"，宣言指出了互联网向社交网络转移的重要性，谷歌需要大力投资，以使其产品更加以人为本。经过激烈的内部竞争，微软老将、谷歌工程部门负责人维克·冈多特拉负责此事，并直接向拉里·佩奇汇报工作。2011年4月，拉里从埃里克·施密特手中夺回了首席执行官的角色，立即向所有员工宣布：公司在社交网络上成功与否将影响每个人奖金计划的25%。

此前谷歌的各项开发最多需要几十位员工，但谷歌+涉及十几个产品，需要二十几个团队同时努力，估计有1 000多人，其中许多人专门负责此项开发。

在社交网络领域，无论是内部开发，还是借助收购或行业联盟，谷歌的前期努力都不顺利。收购失败的例子包括2003年收购交友网被拒绝；2004年收购Picasa（数字图片管理软件）后没有达到预期效果；2005—2009年，收购基于地理位置的移动社交网络提供商躲避球（Dodgeball）之后没有推出产品；2007—2009年，收购类似推特的贾库（Jaiku）；2010年，收购问答类的社交搜索网站食蚁兽（Aardvark）；2010年收购应用软件开发商斯莱德（Slide）之后，没有使之成长。内部开发的失败产品包括2004年推出的社交网络服务欧库特（Orkut），只在巴西取得了显著的成功；2009—2010年让人晕头转向的威夫（Wave）；2010年谷歌邮箱扩展版本巴兹（Buzz）陷入困境。至于行业联盟，开放社区联盟应用程序编程接口（OpenSocial API）旨在实现信息在不同社交网络服务之间的可迁移性，脸书却始终没有加入，结果自然又是销声匿迹。

现在这些都不重要了。谷歌+是那种需要全公司齐心协力、目标一致、倾尽全力开发的产品，谷歌非赢不可。

脸书开始觉得有压力了。2011年5月，丹·莱昂斯为《新闻周刊》和《每日野兽》合并后的新闻网站撰写文章，披露脸书曾秘密聘请全球顶级的以危机管理见长的博雅公关公司，在《今日美国》等各类媒体上散布谷歌在个人隐私保护方面的负面报道。对于博雅公关公司的首席执行官马克·佩恩来说，这个插曲让他十分尴尬，要知道，他曾经负责希拉里·克林顿2008年的总统竞选，也为脸书首席运营官谢丽尔·桑德伯格以及政策和首席公关埃利奥特·施拉格出谋划策，多年来，他们共同致力于塑造脸书在隐私保护等问题上值得信赖的形象。

谷歌的围攻

随着2011年夏季临近，谷歌和脸书准备一决雌雄。

从扎克伯格对形势的把握就能看出他通常的做事方式。鉴于脸书很快要面临的激烈竞争，他在继续恪守脸书使命和现有产品开发计划之间寻求平衡，并高度专注于推出新产品，这种健康的偏执态度是他从他的榜样、英特尔前首席执行官安迪·格鲁夫身上学到的。在脸书成立的早期，为了压制其他学校的竞争者，扎克伯格曾经在60天内专心致志地搞研发，付出了加倍的辛劳，他称这段日子为"单独禁闭期"。在那段时间，他会在会议室上方挂上红色霓虹灯。后来，他如法炮制，将资源集中在关键项目，这样脸书的领导团队就不会出现大规模的优先次序的调整，或无休止的束手无策和犹豫不决。

若要对威胁做出敏捷而无畏的反应，当然不是过度反应，民主和达成共识并非总是最理想的做法。扎克伯格的远见和成功纪录使得公司里的每个人都乐意遵从他，让他养成了一定程度的家长作风，使他成为有史以来仁慈而最有效的独裁者之一。他那强有力的领导使得脸书在面对真正的危险时不至于乱了阵脚。

整个夏季和初秋，脸书公司在脸书体验的几处可能被打败的关键领域排兵布阵，加强防御，比如推出高解析度的相册和新的照片浏览器、推出了改进版的群组应用程序（Groups）、在一对一的视频聊天软件Skype中整合一个叫"时间轴"的新版本个人资料。他们还开发新的功能，以加强攻击性，包括第一个基于iOS和安卓操作系统的独立的脸书信使、第一个脸书的iPad应用程序和关注功能，该功能可以让你订阅特定人物尤其是公众人物的公共更新，而不必加他们为好友。

与此同时，谷歌在着手打造一个严肃的社交网络。像脸书一样,谷歌将有基于用户真实身份的个人档案、类似脸书动态消息的信息流(Stream)、类似脸书"点赞"的"+1"功能(与谷歌的搜索引擎集成在一起,将用户的搜索结果个性化),外加相册功能(集成谷歌现有的网络相册Picasa和页面创建器Pages,从而为企业提供在类似于脸书网页的页面展示服务的机会)。谷歌的社交网络还有两个独特的服务功能,一个是社交圈(Circles),它采用视觉设置的方式将朋友建群,用户能控制谁能看见他发布的内容,它由硅谷著名的麦金托什系统程序员安迪·赫茨菲尔德开发。另外一个是群聊工具环聊(Hangouts),可用于多达10人的视频会议。

2011年6月28日,谷歌+携手一个大型产品跨进竞技场,并展开了一场同样大型的公关闪电战,经过12周的受邀现场试用期,谷歌+的搜索页面出现了一个巨大的蓝色箭头,这是该公司第一次交叉促销。最初的媒体报道是积极的,社交圈的表现尤其突出,因为与脸书设置好友可见的内容的方法相比,社交圈有着明显的优势。

谷歌+发布后的两周内,注册用户增长至1 000万,一个月之内增长到2 500万,10月份达到了4 000万,到2011年年底达到了9 000万,但与脸书和推特的惯用做法不同的是,谷歌+最初没有公布活跃用户数。一直以来,脸书都是平静地推出产品,但是,就像鸭子划水,表面平静,在水下却会激烈地划动双脚一样,谢丽尔·桑德伯格及其业务团队每周都密切地注视着他们能得到的任何有关谷歌+的数字,并努力避免大企业客户会因为谷歌+的页面创建器Pages而分心,从而对脸书的网页和相关的广告失去兴趣。

到2011年年底,两位角斗士之间究竟发生了什么并不是很明确。没有哪一方明显占上风,也没有哪一方明显败下阵来。

然而,2012年2月,形势比较明朗了。市场分析公司康姆斯克公司发布了一组令人震惊的数据:用户每月花在谷歌+上的时间只有3.3分钟,而花在脸书上的是7.5小时,谷歌+瞬间失势,发展戛然而止,再也感受不到任何潜在的前进动力(见图8-3)。

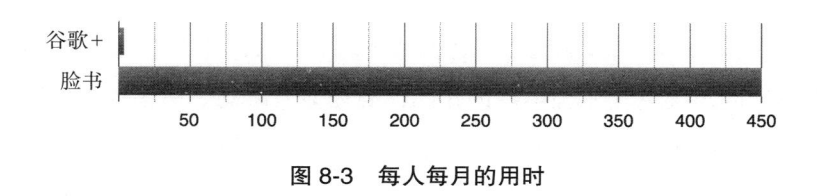

谷歌+	
脸书	
	50 100 150 200 250 300 350 400 450

图8-3 每人每月的用时

登录谷歌+并没有成为用户的习惯,也没有通过其首席执行官的"牙刷测试",即像牙刷一样每天至少使用两次。在谷歌+发布不久后的2011年7月的营收电话会议中,佩奇提出了这个期望。

谷歌+再也无力回天。2012年6月,在推出谷歌+、获得公司和佩奇最大的支持和关注之后一年,谷歌+月活跃用户数只有1.5亿。就在同一年,脸书的活跃用户非但没有蒙受任何损失,其增长速度也超过了谷歌+,每月增加大约2亿月活跃用户,从谷歌+发布时的约7亿用户,增加到2012年年中的约9亿用户。谷歌+将在功能整合和顾全面子的公共定位上发展成一个横跨谷歌产品线的单纯的"社交层",就像谷歌邮箱和YouTube一样,而不是像脸书或照片墙那样成为迷人的独立产品。其"环聊"和"相册"两种功能还是不错的,它们继续被保留为独立的应用程序。

当万众瞩目的对抗尘埃落定时,小猫脸书还站在场上,不仅抵挡住了大鲨鱼谷歌的最猛烈进攻,还捍卫了自己的领先地位,并变得更加强大。

它怎么可能做到呢?

1962 年的教训:为什么谷歌+会失败?

在谷歌+的发展过程中,该项目的负责人比照19世纪德国画家阿尔伯特·比尔施塔特的作品,委托他人绘制了一幅壁画,以此提醒团队这个项目既有危险,也存在潜力。该画很好地契合了项目的研发代码"翡翠海",它描绘的是岩石嶙峋、泡沫飞溅和狂风肆虐的海岸,一根被折断的帆船桅杆十分显眼地倒在水中,正被海浪抛来抛去。当时,谷歌团队的人还不太知道,就像这幅画描绘的那样,他们的战舰无法攻破竞争对手无懈可击的滩头阵地,注定沉没在这片荒凉的海岸边。

其实,在谷歌推出谷歌+的前3年,它就已经输掉了与脸书的这场战斗。

事实证明,社会学家埃弗里特·罗杰斯50年前的研究可以很好地解释此次失败。罗杰斯最早提出了自己的理论,因此为人所知,硅谷作家杰弗里·摩尔后来进一步对它加以阐释。1962年,罗杰斯首次出版《创新的扩散》,最为广泛地整合了500多项研究成果,跨越了社会学、人类学和地理学领域,阐明了创新如何在社会系统内借助某些渠道沟通,并经受时间的考验,为人评价和采用。重点是,罗杰斯所说的"创新"适用于各种情况,如保罗·列维尔 1775 年 4 月 18 日和 19 日之间的那个午夜骑马狂奔（和当晚威廉·道斯不太成功的骑行①），1850 年至 1910 年间幼儿园从德国蔓延到世界的其他地方，20 世纪 30 年代艾奥瓦州的农民采用杂交玉米种子，20 世纪 80 年代和 90 年代移动电话从芬兰商人到消费者的流行，还有就是 21 世纪前 10 年世人开始接受互联网和社交网络。

罗杰斯著作的一个重要的闪光点就是他沿着创新的时间轴划分出了不同类型的接受者，并揭示了每类人群在整个目标人口中所占数量的惊人一致：2.5% 的创新者，13.5% 的早期接受者，34% 的早期多数人，34% 后来的多数人和 16% 的滞后使用者。

在 1992 年出版的《跨越鸿沟》一书中，营销专家和顾问杰弗里·摩尔扩展了罗杰斯的这部分研究，确定创新者和早期接受者（扩散过程中最早接受创新的 16%）以及早期多数接受者和后期多数接受者之间在采用行为上存在的重大差距，也就是"鸿沟"。摩尔指出，这一鸿沟难以逾越，但你若是成功跨越了 16% 这个鸿沟的话，它就成了对抗后来竞争者的天然屏障（不妨把"鸿沟"想象成"护城河"）。

虽然这一切听起来学术味很浓，但当我们观察脸书及其在互联网用户这个目标人群中的扩散时，它就变得非常具象了。

---

① 1775 年 4 月 18 日午夜时分，为防止英军偷袭，三名民兵保罗·列维尔、威廉·道斯和萨缪尔·普雷斯科特分别骑快马向周围市镇传递情报，保罗赶到列克星敦，通知约翰·汉考克和塞缪尔·亚当斯领导的殖民地民兵，英军正前来袭击其军火库，最终打响了独立战争的第一枪。显然，在这方面威廉不如保罗做得好。——译者注

从图 8-4 我们可以看到，2009 年，脸书越过了众所周知的 16% 鸿沟，2015 年，全球互联网用户有一半注册了脸书，成为早期的大多数（在美国达到了 68%，在墨西哥和印度尼西亚等国则超过了 90%）。因此，当谷歌于 2011 年夏推出与脸书非常相似的谷歌+时，它就落入了竞争对手的虎口，因为这个竞争对手已经在用户心中扎下了根，而且在转换成本、网络效应和从 7 亿用户那里获得的大量数据方面占据优势，7 年来，这些用户一直在维护着自己在脸书中的真实身份和好友连接。

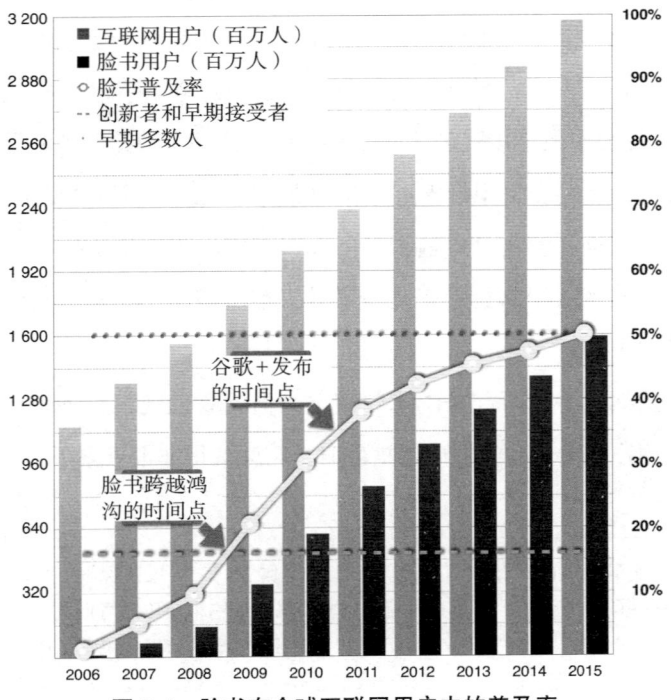

图 8-4　脸书在全球互联网用户中的普及率

从事消费技术的人基本上有三类：（1）在近身肉搏的竞争中无法跨越鸿沟者（如推特对抗脸书）；（2）有所创新，并通过将其创新与早期大多数人联系起来，从而跨越鸿沟者（例如社交网络领域的脸书，搜索引擎领域的谷歌）；（3）徒劳地追随并与已经跨越鸿沟者进行正面竞争者。谷歌+抗衡脸书就属于第三种情况。

若是再给谷歌+一次机会，它可能会选在2008年推出，因为当时市场还不是很成熟，脸书还没跨越16%鸿沟，而且早期接受者对新事物还是比较开放的。那样的话，它就有可能与脸书一较高下。

或者说，在2011年，谷歌需要推出的是一个差异化的产品，差异化到足以重新定义市场，从而像脸书打败聚友网、照片墙、推特或谷歌搜索引擎打败雅虎那样，青出于蓝。然而，正是在这样的转换中，科技公司最大的优势可能变成最大的劣势：

> 不论在技术上，还是在文化上，谷歌是世界上最好的搜索引擎，它能让你尽快获得想要的信息，并迅速引导你来到链接的网页，直到今天，它还是会在每一个搜索结果的顶端自豪地告诉用户其速度有多快。脸书做得最好的恰好与之相反：让你无休无止地在它的网站上寻找你想要连接的人，看到他们在生活中发生的事。

就像现实生活中朋友和你彼此分享悲喜一样，你和你的朋友都在脸书上，你喜欢在脸书上看到朋友们和他们分享的内容，他们也愿意在脸书上看到你和你分享的内容，这就是脸书的"神奇时刻"，而它却是谷歌+的梦魇。在谷歌+发布引起的好奇心消失殆尽之后，人们的注意力重新回用得既舒适且习惯的脸书动态消息，谷歌+成为"荒地"和"鬼城"的喊声就开始不绝于耳了。即使是谷歌+被人议论最多的功能"社交圈"，也是理论优于实践，因为人们不会花时间建圈子，并进行后续维护。事实证明，从正确的人那里得到正确的信息的问题应由网络的高级算法解决，而不是由用户来设定。

最后，与其说谷歌+是败给了脸书，还不如说是输给了人们的惰性，用户觉得没有必要转变。对于那些认为在抽象的数字世界竞争肯定比在需要艰难打拼才能勉强糊口的实体经济中竞争更容易的人来说，谷歌+的故事不啻一记警钟。

在更广阔的社交网络领域，难道谷歌就没有更有效的竞争方式吗？消费技术可能是最难回答"回顾过去，要是那样，结果会怎样怎样"之类问题的领域之一，但是，人们总喜欢事后诸葛亮，会忍不住想，如果更为本能地朝着手机下手，更专注于聊天应用程序，并以更让人喜欢的现有服务为出发点，是不是会比谷歌+更成功呢？

这项更有价值的服务本应是谷歌邮箱。在谷歌+推出的时候，它已经拥有 2 亿多用户，到 2012 年中，它的用户数增长到 4.25 亿（当时谷歌+的用户数量徘徊在 1.5 亿），最终在 2016 年 2 月，达到了 10 亿。

谷歌邮箱有一个内置的邮件联系人关系图，当时是电子邮件必然要使用的（虽然多少受到即时通信的挤压），自然契合手机的需求。悲剧的是，2010年2月，就在发布谷歌+一年多之前，谷歌推出了巴兹，它是谷歌邮箱的扩展服务，其中就包括社交功能，如共享链接、照片、视频、状态信息和评论，但因为它的默认设置将大多数用户的电子邮件联系方式公开，从而引发了隐私权保护者的众怒。谷歌陷入集体诉讼，并与联邦贸易委员会达成和解，谷歌被要求在未来20年每年都要接受隐私权保护的审计，这导致几乎在推出谷歌+的同时，巴兹被迫关闭。在最不适当的时候，巴兹一败涂地，从根本上摧毁了谷歌在社交网络领域与脸书一较高下的最后一点希望。

谷歌和脸书未来的竞争与合作

谷歌+失败的案例是观察谷歌和脸书竞争的一个窗口。脸书赢得了这一回合的胜利，在接下来的5年里，它成长为与谷歌规模相当的企业，就像分立了两个太阳和两个太阳系，二者在很大程度上控制了互联网行业。

谷歌和脸书都毗邻硅谷的交通主干道美国国道101公路，中间只相隔4个下道口。数字广告是广告业增长最快的部分，预计美国从2016年开始，数字广告可以取代电视广告，成为总开支最大的业务。2016年，全球数字广告是价值1 680亿美元的"馅饼"，两家企业在不同的方向上确立了自己的领导地位，分而食之。

谷歌在搜索广告中领先： 在美国 290 亿美元的市场额中，谷歌占到了 72%。

脸书在视频广告中领先： 在美国 320 亿美元的市场额中，脸书占到了 29.3%，谷歌仅占 15.7%。（脸书在本地用户和手机格式广告方面特别强大，这将引领未来的市场。）

尽管谷歌在数字广告这块蛋糕中所占的份额仍然是领先的，2016 年占到了 40%，但自 2010 年以来，脸书的份额已经翻了超过两番，份额占到了 13.2%，而且还在不断增长，从而成为行业第二。

这一切导致了某种令人不安的缓和局面。

谷歌和脸书是各自领域的顶级掠食者，预计 2016 年至 2018 年间，两家公司全部新增数字广告支出总额将占到市场份额的 73%。然而，它们谁都无法侵入对方的核心业务。脸书在搜索方面也付出了努力，它推出的产品叫作图谱搜索（Graph Search），就像谷歌在社交网络上败走麦城一样，脸书的搜索产品未能像谷歌搜索那样攻城略地。从经典的硅谷竞合关系看，两家企业其实是相互依赖的。脸书依赖谷歌进入基于安卓系统的智能手机，而在可预见的未来，智能手机将是市场上占绝对优势的通信设备，脸书、网络信使、脸书信使和照片墙等应用程序则受制于谷歌应用商店（Google Play Store）的使用条款和条件。反过来，谷歌也依赖脸书来吸引流量，尤其是引流至 YouTube，要知道，脸书是观察数字世界的最重要的滤镜。

双方虎视眈眈，却又小心谨慎，这种局面想必会继续下去。至于未来的竞争，从长远看，脸书更容易侵入谷歌的地盘，谷歌反倒不容易侵入脸书的势力范围。一方面，谷歌拥有用户的品牌忠诚度，却缺乏锁定用户的能力或网络效应，谷歌由相对商品化了的算法提供支持，仅仅需要一个搜索框和大量访客；另一方面，脸书现在却拥有大量的社交网络和通信资源。虽然谷歌一直是盈利颇丰的赢家，但脸书的未来却更令人期待。

第 9 章

脸书的自我颠覆

常识七

持续扩展自己的边界

背景：颠覆是不可避免的，在现代联系紧密的经济中，它会以前所未有的速度出现。为了掌握主动权，要通过自己的行动，主动促成这种颠覆，而不是成为别人的牺牲品，尤其是在你成功之时更是如此。

脸书的应对之策：为了收购照片墙，扎克伯格与其首席执行官单独约谈，迅速拍板，达成交易，他不希望遇到更大的竞争者和自己争夺照片墙，也不想坐等小竞争者成长壮大起来和自己竞争，因此他开启了一连串的自我颠覆。成功整合照片墙也表明脸书是世界上最优秀的创建者的平台，它利用发展多种应用程序的策略，得以持续扩展自己的边界，保持多样化。

引人深思的问题：你会如何颠覆自己？想到就行动吧。

2012年年初,脸书的发展之旅已经走过了8个春秋,时年27岁的马克·扎克伯格完全有理由踌躇满志了。

脸书的全球月活跃用户数达到39亿多,成了网页和手机端资产雄厚的公司,毫无疑问,它也是人们每天要上网花费时间的首选之处。扎克伯格望向后视镜,但见聚友网、推特和谷歌+等一度对它构成威胁的对手已经被他远远地甩在了后面,并且逐渐淡出视线。

脸书是一棵摇钱树,上一年的营业收入为37亿美元,而且处于美国证券交易委员会强制执行的"静默期",当时,它已经提交了S–1上市申请和招股说明书,并很有可能在5月首次公开募股,其股价估值将超过1 000亿美元。

要想把事情做好,你必须努力想出应对之策才行。

但是,扎克伯格是个学生。他读经典名著,了解迦太基的将军汉尼拔,学国际象棋(2014年,他邀请世界冠军马格努斯·卡尔森给他上了一课,大师对他的评价是"学习能力出奇得强"),他还学经营管理。他学到的经验教训包括从安迪·格鲁夫那里学到的"偏执",从杰夫·贝索斯那里学到的"专注",以及从比尔·盖茨那里学到的"眼光放长远"。

踌躇满志与他无关。

2012年年初,扎克伯格对脸书使命的思考几乎比任何人都要超前,并且是从一个刚刚起步的照片分享应用程序着眼,2011年秋,这个程序才有1 000万用户。

凯文·斯特罗姆和照片墙

当我们把科技领导者神化时，往往会给他们过高赞誉，比如，若没有史蒂夫·沃兹尼亚克，史蒂夫·乔布斯肯定无法让苹果公司有所进展，但是，硅谷公司的创始人对自己公司施加的影响是最大的。

照片墙的第二个雇员麦克·克里格（Mike Krieger）在公司里扮演着沃兹尼亚克的角色，但要想了解照片墙，就要先了解其首席执行官凯文·斯特罗姆。

斯特罗姆只比扎克伯格大5个月，他在东海岸长大，就读于马萨诸塞州的米德尔塞克斯中学（Middlesex School），这里离扎克伯格在新罕布什尔州的高中母校菲利普斯·埃克塞特中学有1个小时的车程。在米德尔塞克斯中学时，斯特罗姆继续培养他在计算机编程上的兴趣，并担任摄影社的社长，由此不难看出他未来的发展之路。

他毕业于斯坦福大学，获管理和工程学学位，读大学期间，他的业余爱好成了他的专长，在国外游学期间，他还更深入地研究摄影，根据《名利场》杂志的人物简介所述，其导师鼓励他使用猴哥（Holga）塑料透镜照相机，猴哥相机采用传统底片，拍摄方形相片，并用复杂的化学制剂冲洗底片。

在斯坦福大学期间，斯特罗姆跟同是来自东海岸的扎克伯格以及脸书共同创始人亚当·德安捷罗在2004年有了第一次交集，亚当想聘请他加入刚破土而出的脸书公司。对于最初的这个邀请，斯特罗姆没当回事，但在接下来的几年里他不断跟他俩有所接触。

硅谷的播客公司欧迪奥（Odeo）后来转型，发展成了知名的推特。斯特罗姆在欧迪奥实习期间，他的办公桌紧挨着共同创始人和最终成为首席执行官的杰克·多尔西，后面我们还会遇到这位仁兄。

在谷歌公司的两年里，斯特罗姆一年从事谷歌邮箱等产品的开发，一年从事业务开发，两年过后，他在硅谷的学徒生涯圆满结束。

不过，除了这些技术之外，斯特罗姆非常看重发自内心的那种品位。

时尚品位。这有关他自己的品位和对整个时尚界品位的把握。与扎克伯格清一色灰T恤衫和牛仔裤的着装风格正相反，斯特罗姆已经不再穿戴在米德尔塞克斯中学读书时的领带和卡其裤，取而代之的是布里奥尼西服套装、夏尔凡针织领带和浪凡运动鞋。他不只是欣赏黛安娜·冯·菲尔斯滕贝格、卡尔·拉格斐和多纳泰拉·范思哲等设计师的风格，还喜欢一些时尚引领者的风格，比如编辑安娜·温特、模特吉吉·哈迪德、厨师杰米·奥利弗、摄影师安妮·莱博维茨，以及金·卡戴珊这样的名人、男演员拉塞尔·布兰德、运动员鲍里斯·贝克尔、女演员莉娜·邓纳姆和音乐家哈里·斯泰尔斯。他跟这些人都有合影，并把它们发布到自己的照片墙消息中。扎克伯格是在自家的后院举行的婚礼，而斯特罗姆和妻子妮可则在飞马酒庄为他们临时搭建的一家夜总会和地下酒吧里招待亲友。

音乐方面的品位。根据《维加斯周刊》(Vegas Seven)的人物传略，在波士顿时，斯特罗姆才十几岁，他在一家唱片店打工，卖唱片给那些知名的音乐节目主持人，其中就有保罗·欧肯弗德、铁斯托和保罗·范迪克。读大学时，他兼职做音乐节目主持人，最近他在拉斯韦加斯一个叫"雨"的夜总会里更是成了操盘手，人称"DJ斯特罗姆"，一起演出的有HBO（美国家庭影院频道）推出的电影《明星伙伴》中的男演员阿德里安·格兰尼、沙特阿拉伯的法赫德王子和远东韵律电音组合。

摄影品位。斯特罗姆不仅对优秀摄影作品有深刻的鉴赏水平，他还是一个摄影高手，在其照片墙消息的主页中，他贴出了数百张照片。

难怪品位在照片墙的故事中扮演了重要的角色，但其实，它不是从照片墙才开始有的。

它反而始于2010年年初的博朋（Burbn），斯特罗姆和克里格共同开发了这个具有提供位置功能的独具特色的社交网络。然而，到了7月，博朋遇到了严峻的增长和竞争问题，据克里格讲，当时的用户顶多有1 000人，而竞争对手则包括四方格（Foursquare）、清道夫（SCVNGR）和脸书即将推出的提供位置功能的"位置"（Places）。

还记得欧迪奥的转型吗？斯特罗姆和克里格很明智地意识到博朋也需要一次类似的重启。

克里格曾经说过："创立新公司事关平衡，要疯狂到相信你的想法行得通，但不能疯狂到无视显然行不通的迹象。"博朋属于后者，因此，两个人忙活了一个夏天，将应用程序功能精减到用户真正关心的几项基本功能，设计了一个时尚的专注于照片分享的社交应用程序，旨在让用户分享生活中的瞬间。若非斯特罗姆对摄影和风格真正充满激情，这种激进的变革是难以想象的。

2010 年 10 月 6 日，全新改版后的照片墙发布。其简单的功能包括：

- ▶ 拍摄方形照片。（还记得斯特罗姆的猴哥相机吗？）
- ▶ 应用数字技术再现暗房技术的 11 种滤镜之一（还记得斯特罗姆的化学制剂吗？），让你的照片产生一种比单纯附上文字信息更高端的感觉。
- ▶ 与他人联系，分享你的照片。
- ▶ 在一个除了照片别无他物的滚动消息中，用户可以看见他人的照片，并点"赞"，类似动态消息对脸书产生的重要作用，这也将照片墙与同时期其他流行的照片应用程序区分开来，比如创意相机（Hipstamatic）。创意相机于 2009 年推出，拥有独特的滤镜，有数百万用户，并赢得了苹果公司 iOS 操作系统图片应用程序 2010 年年度大奖，但没有"分享"或"发现"功能。
- ▶ 向其他平台分享照片，比如脸书、推特、汤博乐和富力克（Flickr）。

这是一种时尚的视觉体验，用户可以分享，并对这个平台产生一种说不出来的期望，即它可以编辑所分享的内容。你能看到的每一张精心构图的照片都会强化一种认识，那就是你应该认真设计下一张要分享的照片。

时至今日，这已经成为照片墙独特的产品差异性。2016 年 12 月，照片墙用户达到 6 亿多，但在 5 年内，其应用程序的核心基本没变。若你上脸书是因为想了解好友动态，那么，上照片墙就是因为想浏览照片。

克里格在幕后付出了很多，照片墙有两项难度最大的功能，一是把照片上传到照片墙，二是让苹果手机顺畅地滚动浏览大量的照片，其中一些性能我们今天已经用习惯了。克里格想方设法解决了这两个难题，用户感觉浏览速度更快了。这种幕后工作常常被外人忽视，但对于手机的使用和应用程序的成功却是至关重要的。

照片墙是"最小化可行产品"的典范：简单到人人可以掌握，而且会用上瘾。这种产品设计在硅谷很受推崇。

照片墙发布不到 24 小时，其用户就增至 2.5 万；3 个月后，用户增至 100 万；发布 1 年后，用户达到了 1 000 万。

收购照片墙对脸书至关重要

照片墙引起了硅谷精英们的关注，一群顶级的投资者和一流的机构投资商在前两轮融资时就向其注资，其中就有脸书共同创始人德安捷罗、推特的多尔西和天使投资人克里斯·萨卡，以及机构投资商基准资本公司、a16z公司、基线创投公司和格雷洛克风投公司，而且该应用程序在 2011 年年初获得 TechCrunch（全球领先的科技媒体公司）评选的最佳手机应用软件亚军。尽管如此，到 2011 年年末，其月活跃用户数仅是推特的 1/10，约是脸书的 1/100。

然而，扎克伯格比大多数人更关注照片墙，通过整合脸书与照片墙获得的数据，他对照片墙有了更清晰的认识，这是一张让人意想不到的好牌。照片墙使用脸书的第三方网站登录服务平台关联（Connect）实现分享，而脸书是照片墙最大的分享平台。因此，扎克伯格几乎立马意识到了照片墙的相对增长速度和用户黏性，而不是偶尔瞧了一眼这个应用程序的增长。在这个行业里，没有谁比扎克伯格更熟悉如何与其团队一起观察这种增长数据，这个行业不像股票市场，这些应用程序过去的表现会清楚地表明它们是否有前途，至少会给人一种强烈的预感。

脸书和照片墙结合得很完美，不只是因为扎克伯格几乎比任何人都能预见照片墙的未来，而且在他看来，如果将照片墙纳入脸书，就会扩大他的事业版图：脸书使命的曙光不只是通过脸书来播撒，在公司内部它被称为"多应用程序策略"，对外则是"脸书应用程序和服务系列产品"。

就像脸书对扎克伯格至关重要一样，斯特罗姆打造的应用程序对他来说同样重要。这两家不仅可以共存，而且还会因为同擎"让世界更开放和更互联"这一面大旗而利益均享。扎克伯格有先见之明，或许也是一种天然的直觉，他知道脸书并非人们用于分享的唯一方式，尤其是照片类社交网络，而照片墙就是脸书维护自己的使命，并提供一套互补方案而迈出的完美第一步。

对于脸书来说，照片墙不只是一个从概念上看起来好的应用，它是一个与众不同的、用户参与度排名第二的应用程序，而且随着时间的推移，广告收入也会不断增加。虽然照片墙和脸书的用户超过 90% 是重叠的，但照片墙对千禧一代更有吸引力，其近 75% 的用户年龄在 35 岁以下，这使照片墙成为继色拉布之后第二个全球最大的、吸引最年轻用户的社交网络；而脸书用户有一半以上超过了 35 岁。照片墙的消息发布方式与脸书不同，不需要实名认证，也没有算法为用户选择最合适的内容，甚至它就是对抗推特和色拉布的另一个武器，重要的是，它赢得了名人和公众人物的欢心，他们将照片墙当成自己的家，并吸引粉丝的关注。

这将是多米诺效应倒下的第一张骨牌，其结果就是全球用户量最大的 5 个顶级社交应用程序中有 4 个落入脸书的囊中，简直太不可思议了。

不过，在这一切发生之前，扎克伯格需要收购照片墙，其中的细节犹如打开了另一扇了解脸书的窗口，得以让我们窥见这位脸书的队长是如何运作这件事的。

2012 年 12 月，掌管推特的还是推特早期投资者、斯特罗姆在办公室同桌杰克·多尔西。据当时的《纽约时报》报道，推特实际上在 2012 年 3 月曾开价 5.25 亿美元，试图收购照片墙，不过，是否正式提出了报价尚存争议。差不多就在同时，硅谷风险投资巨头红杉资本联手格雷洛克风投公司、基准资本和兴盛资本，向照片墙报价，开启新一轮的投资，并把估值在 5 亿美元基础上提高了 5 000 万美元。

他和克里格当时决定他们会接受新一轮的投资，并在 4 月 4 日（星期三）截标。这一决定可能和斯特罗姆在谷歌的工作经历有关。根据《名利场》杂志的人物特写所述，那天他们把这一消息告诉了推特的首席执行官迪克·科斯特洛和扎克伯格，不过，据说在收购照片墙这件事上，科斯特洛没有多尔西那么热情高涨。

非常肯定的是，扎克伯格那个星期五邀请斯特罗姆到他家见面，开口就是 10 亿美元的收购价，等于一夜之间差不多让照片墙的价值翻了一番，而照片墙当时才成立了 14 个月，月活跃用户 3 000 万人，员工 13 位，确切地说还没有一分钱的收入。

48 小时之内，两人达成了交易，没有假手他人，只就某些关键的细节征求了企业发展总监阿明·佐夫侬（Amin Zoufonoun）的意见，在收购照片墙之前，阿明已经为脸书公司完成了多次收购。扎克伯格对脸书拥有控股权，从而使董事会的批准流于形式，星期日，他告知脸书董事会收购之事，4 月 9 日，星期一，对外宣布。

扎克伯格在一个周末凭一己之力谈完了收购。2009 年，他以 4 750 万美元收购了聚合社区，从而把布雷特·泰勒收归脸书的麾下。收购照片墙的规模和速度以及选择在首次公开募股静默期达成交易都是史无前例的，之所以成功，是由于扎克伯格为脸书构建的治理方式，以及他那既偏执又有战略性的做事风格。在硅谷，人们认为"偏执"和"战略"是一回事，都有可能是假象：偏执狂可能意味着富有战略眼光，反而很有用处，而有战略则很有可能只是说明你惊慌无措而已。若形势需要，扎克伯格就会采用这种做事风格，并利用这种公司治理结构。

当时，收购照片墙的 10 亿美元报价被认为是极高的，但事实证明照片墙成了扎克伯格的摇钱树。这次收购之所以是一次出色的投资，是因为扎克伯格掌握的数据比别人更充分，战略也更高远。它也是扎克伯格针对推特收购照片墙意图进行的一次精彩防御，就算是红利吧。

宣布收购照片墙两年半之后，照片墙的月活跃用户数超过了推特，并且在用户的在线时长和用户参与度上获得了很大的优势。到 2015 年 9 月，其月活跃用户数已经达到 4 亿，而推特不得不在其 2015 年第四季度的收益报告中承认它的月活跃用户数首次环比下降至 3.05 亿。截至 2016 年 6 月，照片墙用户数达到 5 亿，仅仅 6 个月之后就增至 6 亿（见图 9-1）。

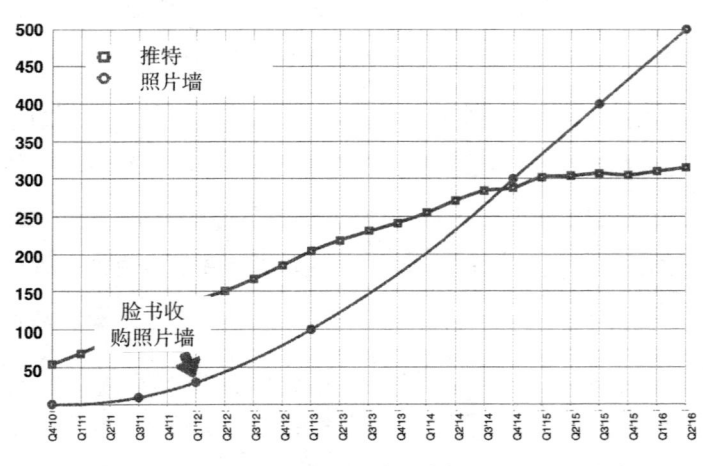

图 9-1　推特和照片墙的全球用户数对比（百万人）

雪上加霜的是，2016年伊始，照片墙已经开始利用所谓的"公共内容"赢得用户参与度的竞争，尤其是在名人方面，比如足球明星克里斯蒂亚诺·罗纳尔多，推特粉丝有4 000万，而照片墙粉丝有4 900万；碧昂丝的推特粉丝有1 400万，而照片墙粉丝有6 100万，以及歌手泰勒·斯威夫特，她的照片墙粉丝有6 800万，推特粉丝有7 200万，她在照片墙上的照片获得的点赞数几乎是推特照片的20倍，比如她发到照片墙上的2016年格莱美奖获奖照片。

在脸书的广告业务经验和谢丽尔及其团队建立的定位、推送、测评的广告架构的基础上，几个团队开始缓慢而小心谨慎地将广告整合进照片墙的使用体验，同时也没有忘记照片墙的感受性和品位意识的重要性。

他们先宣布即将在2013年10月推出照片墙广告。在一段时期内，照片墙发布的广告只与几个大品牌合作，并且要由斯特罗姆本人批准，以确保照片墙将注意力放在对部分受众来说高质量的创意及周全的执行方法上。为了能够长期获得用户对品牌的反馈，像迈克高仕、博柏利和梅赛德斯-奔驰这样的品牌，早已是照片墙的活跃成员，自然会对这样的方法乐享其成。

鉴于照片墙的整体环境质量（想一想把你的广告投放在编辑质量很高的《时尚》等杂志中）、合年轻人的心意和参与度高的受众，那些优质广告客户是照片墙第一波最好的商业客户，对于这些客户来说，这个提议就像是吸引猫的猫薄荷。

扎克伯格不仅有使命感，更有耐心，在需要的时候，更是极具耐心。2015年9月，历经两年的认真测试之后，脸书宣布进一步扩大照片墙在照片、视频、图片轮播和立刻购买广告（Shop Now ads）的商业客户范围，从几百个品牌商扩大到全世界30个国家中所有使用脸书广告工具的企业。照片墙已经是脸书广告业务的一个发动机了，是那些大型广告公司吸引用户的入口，是广告商非常重要的"自助服务"工具。这让脸书的广告可以直接接触用户和任何规模的企业。

脸书和照片墙的用户存在重叠，90%以上的照片墙用户也是脸书的用户，两个应用的服务可以互通有无。照片墙嵌入了脸书的基础架构，而用户重叠加深了脸书对照片墙用户的理解，脸书得以将所有经过实践证明有效的购买、定位和衡量广告效果的方法应用于照片墙。这同时提升了两个应用经营广告的能力。

2016年2月，在向所有企业开放广告功能仅仅过了6个月之后，照片墙每月的广告商已经从数百个增至20万家（2016年9月达到50万家），远超推特投放广告前5年积聚起来的13万活跃广告商。这足以看出脸书广告业务的内部活力，但与脸书400万的广告商相比，照片墙的成就仍然是小巫见大巫，对于脸书的广告商而言，在照片墙上做广告只是选择之一。

即使刚在照片墙投放广告的新广告商，发现照片墙上基于浏览量的广告定价一直高于脸书，但用户的广告参与度仍超脸书，品牌回忆等广告效果几乎高于行业正常水平的3倍，尼尔森市场调研公司的数据被誉为一把评估广告效果最好的尺子，根据该公司的判断，照片墙测试的这些年很值了，获得了回报。尽管脸书在其报告中没有把照片墙的广告收入单列出来，但扎克伯格在公司内部明确说过他预计照片墙将会迅速赶超推特的收入。2015 年，推特的收入是 22 亿美元，据瑞士信贷银行股份有限公司的预估，2016 年，照片墙的收入约为 30 亿美元，照片墙可以很好地达成扎克伯格的期许。

除带来了其他好处之外，在被收购 3 年后，照片墙已经成为脸书的一个新财源，而且流量巨大。

脸书的引力场

这还不是收购照片墙的最大收获。

为了厘清来龙去脉，让我们回到 2012 年 4 月斯特罗姆和克里格同意被收购的那个周末。为什么他们选择了脸书而不是推特，或干脆保持独立？

在收购照片墙之前，脸书已经收购了 20 多家公司，每次都是要么关停其产品，要么将其整合进脸书的服务之中。然而，在收购照片墙时，扎克伯格描绘了一个愿景，即让照片墙独立存在，在脸书所能提供的最优良的基础架构、产品、广告团队和技术支持下，实现增长，取得成功，同时保留最大限度的自主权，开发照片墙所设想的产品。这是一个对创始人很友好的双赢愿景，它需要此类创建者更专注于培养成为一个真正有影响力的企业家必需的能力，而不是把注意力放在能否在纳斯达克上市当天敲钟。这样做的好处是，8 年来，扎克伯格与志趣相投的斯特罗姆处得不错。媒体通常认为扎克伯格拙于社交，但他不仅能培养人际关系，还能做好收购，推动脸书的增长，这次收购只不过是他多次鲜为人知的良好表现中极大地影响了他和脸书公司的一次而已。

持怀疑态度的观察家弄不明白斯特罗姆如何知道扎克伯格许下的愿景真的会实现。

这正是整个照片墙故事的宝贵之处。事实证明,扎克伯格有能力将增长和影响力的愿景变成现实,而且不会乱插手干预。这次收购向世界上最好的创建者释放了一个明确的信号:如果你真想玩大的,那就跟脸书合作。

2014年2月,照片墙的用户数已经接近2亿,这对简·库姆同意网络信使加入脸书起到了很大的作用。网络信使是一款全球知名的聊天工具,收购价格达到了惊人的220亿美元(2016年年初,它的月活跃用户数已经从4亿发展到了10多亿)。

一个月后,虚拟现实头盔显示器制造商新贵傲库路思认为以20亿美元的收购价加入脸书家族是网络信使最好的出路,扎克伯格的表现似乎印证了这个结论。

此后三个月,扎克伯格把备受尊重的贝宝首席执行官戴维·马库斯(David Marcus)请到脸书为他工作,负责监管脸书信使平台(自此直到2016年7月,该平台取得了里程碑式的业绩:成为脸书第三大服务,月活跃用户数超过10亿),扎克伯格的表现再次发挥了作用。

从收购英国无人机制造商艾森塔,将之整合为脸书互联互通实验室的一部分,到人工智能先锋人物扬·勒丘恩加入脸书,建立脸书人工智能实验室,若说扎克伯格都发挥了作用并不为过。艾森塔的加入使扎克伯格那连接世界各地数十亿人的愿景有了保证,而脸书的人工智能实验室是脸书所有服务中的一个重要板块，通过它脸书可以更好地理解用户的输入内容、推断应该做什么和计划如何做，并记住内容和用户。

也许脸书尝试收购色拉布且以失败告终是扎克伯格唯一没有发挥作用的一次，据网络调查平台公民科学（CivicScience）的调查显示，2015年，色拉布月活跃用户为2亿多，其中有70%不到25岁。2012年12月，扎克伯格首次向色拉布首席执行官埃文·施皮格尔抛出橄榄枝，据说他提议以10亿美元收购色拉布。施皮格尔谢绝了。2013年秋，脸书推出色拉布的直接竞争对手戳一下（Poke），但没有什么吸引力，就在推出"戳一下"的前夕，扎克伯格再次打去电话，据说这一次的报价是30亿美元。施皮格尔再次拒绝了，讽刺的是，这次很像扎克伯格自己决定不考虑雅虎10亿美元收购要约的翻版。后来，他在《福布斯》杂志的访谈中比较收购和增长时坦言："这个世界上没有几个人能创建这样的企业。我认为如果仅是为了追求短期收益，这种交易就没有多大意思。"此后，色拉布继续进行私人融资活动，据报道，其估值已经超过160亿美元，2016年10月，《华尔街日报》预计色拉布的母公司会在2017年3月上市，估值超过250亿美元。

起初，创建一家公司是吸引众人共同努力实现脸书使命的最佳方式。收购照片墙进一步强化了这一动因，这之后的每一次收购都是在为这个使命添砖加瓦。

这为扎克伯格追求脸书的长期成功创造了一个日益增大的引力场：吸引世界上最优秀的人及其创造的产品与他联手。

第 10 章

耐心的力量

―――――― 常识八 ――――――

市场要慢慢培育，持久投入

背景：在很多地方，脸书一直非常成功地帮助人们相互连接，并获取相应的广告收入。尽管取得了这些成功，脸书在某些市场还是落后的，最引人注目的当属中国、日本和印度。中国现在还没有开通脸书，而且本土的市场竞争十分激烈；而在日本的竞争使脸书无法扩大它在日本广告业的市场份额；印度只有30%的人能上网。

脸书的应对之策：中国、日本和印度存在的挑战假以时日才能解决，扎克伯格无奈地接受了这一点。由于企业更为基本的业务现在做得正好，因此，他有能力打一些有价值但结果不确定的持久战。

引人深思的问题：你在打持久战吗？它值得你这样做吗？在此期间，你如何做到让企业持续发展呢？

脸书在埃及

2011年年初,埃及的开罗爆发了一连串的事件。

从2010年年底开始,北非和中东地区动乱频仍,因对政治、经济和人权状况的不满,人民发起抗议,而且抗议者以年轻人为主。"阿拉伯之春"始于突尼斯,很快传播到了阿尔及利亚和约旦,之后扩散至埃及。最广为人知的是,在18天的全国抗议声浪中,统治埃及30年的胡斯尼·穆巴拉克遭围困,包括开罗解放广场25万人的抗议集会在内的抗议活动最终导致他于2011年2月辞职,权力被移交给了埃及军方,议会被解散,执行了30年的"紧急状态法"和国家宪法也被废止。

在事件发生后受访的埃及人中,85%的人将抗议活动归因于社交网络,特别是脸书和推特。抗议者通过脸书和推特提高了国人对运动起因的认识,向世界传播运动的进展情况,组织抗议活动,并管理抗议活动的积极分子。在接受调查的人中,95%的人表示他们使用脸书获取这场群众运动期间的新闻或传递信息。其中使用本地、独立或私人媒体的人占86%,使用区域或国际媒体的人占48%。脸书的辩白恰如其分:脸书只是一个平台,变革不是平台带来的,而是用户造成的。讽刺的是,发动变革的人之一就是曾就职于谷歌的瓦埃勒·戈宁,在发动这场变革的过程中,他还是主角,而且是脸书上"我们都是哈立德·赛义德"主页的管理员之一。哈立德·赛义德是埃及公民,2010年被逮捕,扣押期间受警察虐打致死,该网页是为纪念他而建,关注者已达数十万。

然而，社交网络与影响深远的大规模政治动荡之间的联系比以往任何时候都要强。2012 年 2 月，突尼斯、埃及、利比亚和也门的统治者被迫下台，巴林和叙利亚的暴动规模达到了罕见的程度，阿尔及利亚、伊拉克、约旦、科威特、摩洛哥和苏丹也发生了抗议活动。

中东民众尤其是年轻一代在社交网络的帮助下发起抗议，他们抛弃其领导人，并在埃及等地取得"胜利"（尽管从长期看，历史仍旧是个迷局，复杂难懂。2012 年 6 月，穆罕默德·穆尔西经民主选举上台，仅仅过了一年，2013 年 7 月就被埃及军队推翻），大量最为鲜活的新证据恰恰表明，无论是发起抗议还是组织抗议，社交网络扮演的角色不过只是抽象的煽动者而已。穆巴拉克的下台主要源于国内民众的压力，而非迫于传统上美国等国家施加的或明或暗的外部政治压力。

脸书的长期大博弈：中国市场

用户增长和收入是社交网络的两大支柱，脸书在中国面临的挑战恰在于此。脸书在中国的普及率是 30%，只是美国的一半，还不到菲律宾的 1/3，但中国有 6.74 亿互联网用户，即便占据 1/3 也会让中国成为脸书用户最多的国家。2015 年，脸书在美国的市场占有率约为 4.4%，相当于 1 870 亿美元中的 83 亿美元，2018 年，中国广告市场规模预计为 670 亿美元，即便是在中国抢得美国一半数额的市场，那也是每年 15 亿美元的市场，考虑到数字广告预计将占中国广告的半壁江山，而不是美国的 28% 市场占有率，那么脸书在中国的收入数额会上涨至25亿美元。从2016年年中华尔街为脸书估值所用的收益乘数看，脸书的市值可能会增至400亿美元，相当于推特、色拉布和品趣志（Pinterest）的总和。

扎克伯格、桑德伯格、通信和政策总监埃利奥特·施拉格、企业发展和业务开发资深副总裁沃恩·史密斯和在亚太地区拥有20年工作经验的亚太区副总裁丹·内亚里心里很清楚，他们深知经营需要耐心，因此，他们得以理解中国的政治、经济和中国人，认为要在这种理解的基础上，提供一种具有某种优势的产品和商业模式，至少要超过数亿用户接受的现有主导产品才行。

扎克伯格很重视中国市场。这个美国人能讲普通话，他在清华大学发表演讲，给女儿麦克斯取中文名字"明宇"（大致可译为"光明的宇宙"），娶普莉希拉·陈为妻，普莉希拉的父母是移民到美国的华裔越南难民，中国中央电视台甚至都称扎克伯格是"中国女婿"。桑德伯格曾经是迪士尼公司的董事会成员，为了在上海开设迪士尼乐园，其首席执行官鲍勃·伊热前后运作了18年，当然，从他之前的首席执行官迈克尔·艾斯纳起此事就已经起步了。在这18年里，桑德伯格只担任过几年董事会成员，却得以有机会近距离观察中国，对于企业要在中国落地开花的可能性及其复杂性，她有切身的体会。脸书在这个国家并非白纸一张。尽管是一个鲜为人知的桥头堡，脸书早已服务中国市场，它通过香港地区的分部向中国内地的公司推销广告，并向世界其他地方推销自己的产品，大多是手机应用程序，可以说生意兴隆。

如果与一家当地企业达成合作伙伴关系，并投资当地的房地产开发、基础设施建设、就业机会创造和收益分享，脸书再想把产品推向中国自会受益于此，这跟目前许多西方公司在中国拓展经营的模式一样。在这方面，脸书有多家可以合作的公司，但它最感兴趣的是与中国的通信公司建立合作伙伴关系，例如中国电信集团有限公司，脸书可以利用其开源的开放计算和电信基建工程技术与之共同建设电信基础设施，建立数据中心，提供一种存在价格差异的网络加载服务，既能让人们对中国电信产生新的认识，培养长期客户，又能为脸书带来新的用户。

为切实提供一种令人信服的产品，脸书需要利用独一无二的资产战胜本地企业的优势。而最好的机会就是改进脸书在其他国家提供的服务，而这些服务能在全球名人、运动员和传媒公司发布的内容中体现脸书的领导力，并在手机视频和直播中结合脸书的专长和技术后再推向市场。脸书公司很容易就可以将照片墙的内容整合进一个产品中，在脸书和照片墙上，脸书公司拥有无数的内容来源，最能引起全球用户浓厚的兴趣，其中不乏文艺界和体育界的明星、艺术家和艺人，如碧昂丝、"巨石"德韦恩·强森、范·迪塞尔和约翰·塞纳，足球运动员如克里斯蒂亚诺·罗纳尔多、莱昂内尔·梅西和内马尔，篮球运动员如勒布朗·詹姆斯和凯文·杜兰特，球队如曼彻斯特联队和巴塞罗那俱乐部队，以及代表娱乐业的迪士尼、音乐电视（MTV）、红牛公司[①]和动画片《辛普

---

① 红牛公司以生产能量饮料著称，但它也播送和赞助一些体育赛事和活动，这已经远远超出了饮料公司的范畴，从而使它成为一个类似娱乐与体育节目电视网（ESPN）的媒体。——译者注

森一家》。以上每一位在全球都有数千万的关注者，这些内容生产者每天都在交流，而且他们十分欢迎脸书为扩大他们在中国的影响而付出的努力，他们特别喜欢让中国人看到他们的视频，要知道，中国可是世界第二大经济体。中国的内容来源比其他任何国家的内容来源数量都多，而且储备充分，这就像一个档案馆，并拥有自它建馆当天以来发布的所有图片和视频。

脸书在日本和印度的持久战

脸书公司还卷入了另外两场持久战，并且均处于区域副总裁丹·内亚里监管的亚洲市场，但它们面临的挑战不同于中国，而且彼此之间也不尽相同。

日本有 1.2 亿人口，不到中国的 1/10，但从总体上看，其广告市场却是世界第三大最赚钱的市场，仅次于美国和中国。预计到 2018 年，日本广告总额将达到 430 亿美元，人均广告花费 6 倍于中国，35 倍于印度。因此，尽管只有 91% 的日本人能上网，而且其中只有 22% 的人是脸书用户，即 2 500 万用户，用户规模并不大，但每增加一位日本脸书用户都是有利可图的。日本的照片墙用户为 800 万，而且在快速增长，但是，如果其他国家的模式同样适用于日本，那么，其受众就会与脸书用户大量重叠，也就不能算作新增用户。

脸书不仅要与数字行业的领先者抗衡，比如，规模两倍于脸书的日本本土聊天应用连我，全球互联网视频领导者 YouTube，甚至是推特（日本是推特用户超过脸书用户的少数几个国家之一），还要面对日本广告业的复杂环境：电视仍然是日本广告的首选媒体，占有整个广告行业43%的市场（几乎是数字广告的两倍），广告购买过程几乎被影响力巨大的本土广告代理商电能公司（Dentsu）垄断，该公司与媒体和名人达成了长期协议，与日本的大型广告商建立了紧密交织的关系网。然而，日本脸书用户的普及率和人均广告市场份额若能翻一番，最终带来的将会是每年10多亿美元的营业收入。

脸书公司在日本的持久战已经打了多年，且不得不继续打下去，因为没有捷径可走。脸书公司投入资金，向用户推销脸书，包括发布电视广告，考虑到照片墙与日本文化和广告的审美重点非常契合，并且没有脸书的实名注册规定，要知道，实名制并不太适合日本的保守文化，因此，脸书公司完全可以指望照片墙会强力助推脸书的增长。

从可获得的战利品和可能面临的挑战来看，印度市场完全不同于日本市场。印度的广告市场并不是一个特别有利可图的市场（预计2018年广告总额只有110亿美元），而印度市场的关键在于它是脸书在连接未连接之人的过程中发挥重要作用的实验场。印度人口数是12.5亿，但互联网普及率只有30%，因此，它是世界上网络互联互通机会单体最大的增量市场。

在网站internet.org和免费基础上网服务（Free Basics）失策后（更多内容见第14章），脸书公司不得不重新开始，然而，通过快速引进新功能和新产品，并取得进展，脸书吸引了早期成功时积累下来的用户群，印度的 1.36 亿脸书用户使印度成为脸书用户第二大国。脸书公司带宽效率极高的脸书精简版在连接用户群上已经迅速取得了成功，而基础设施技术可进一步降低连接成本，比如正在撒哈拉以南的非洲地区进行测试的无人机和专用卫星，如果能看到成功的希望，它们就会被迅速推向印度市场。这可能是脸书公司所有持久战中最持久的，并且要把最重的基础设施提升至空中，扎克伯格能否在最基本的层面上实现"让世界更互联"的使命尚存风险。让我们寄希望于他那独特的顽强拼搏精神吧。

不同市场的不同策略

一个人看得越远，所能看到的机会就会越多，尤其是当他从早期的成功中找到了一定程度的自信时更是如此。这使得持久战成为最诱人、最不具体也是最危险的机会。

虽然在接下来的 10 年里，脸书的收入将达到数 10 亿美元，是否能拥有 10 亿新用户尚不确定，但扩大中国、日本和印度市场是真正的持久战，而且这种持久战在脸书公司的优先发展顺序中占据了一个特定的位置：脸书公司致力于赢得这些持久战，但是，它输不起，做不到失败了，却能让企业避免受到致命伤害。

为有助于理解企业在发展中所做的各种努力，下面我将提供一个项目分析框架及各个项目的危急程度，以方便评估和规划项目的优先顺序：

基本项目：体现基本的使命

相关项目：体现明确而非一厢情愿的使命

必不可少的项目：一座你不能失守的山头阵地，或者竞争对手可以发动致命攻击之处

非必不可少的项目：失败了也不会从根本上伤及企业

图 10-1 显示的是目前脸书公司在此框架下的应对策略。

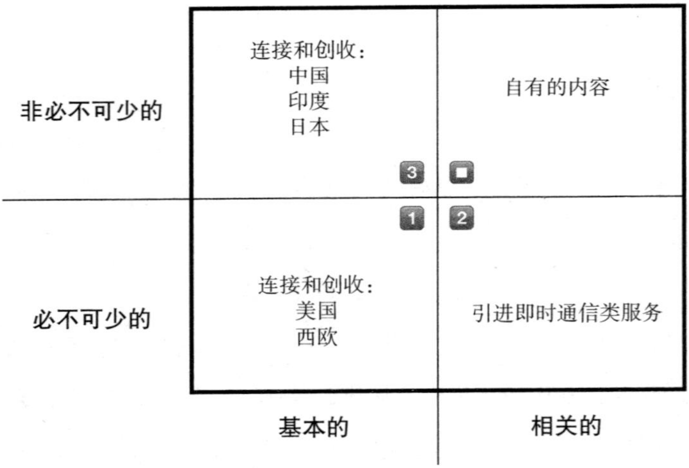

	基本的	相关的
非必不可少的	连接和创收： 中国 印度 日本　③	自有的内容　□
必不可少的	连接和创收： 美国 西欧　①	引进即时通信类服务　②

图 10-1 评估项目优先顺序的框架

自成立以来的头十年里，脸书公司的大部分努力及其最优先做的事情是把美国人和西欧人连接在一起，并获得与这些受众相关的广告收入。连接市场上现有的互联网用户占脸书公司全球广告预算的 50% 左右，这是履行脸书使命的基本所需，对其业务而

言也是必不可少的。

在努力闯出了一条生路之后，扎克伯格转而关注相关聊天软件市场日益强大的竞争对手，并借助一个显然与核心使命相关的领域自我研发脸书信使，使之不断演化，并大手笔地收购网络信使（更多内容详见第13章），以此巩固脸书的领导地位，虽然该项目目前获利并不丰厚，却是一个其他服务商会攻击脸书公司核心业务的关键点，若战斗打响，后果是非常危险的。

只有在巩固了脸书的领导地位之后，扎克伯格才会增强应对中国、日本和印度市场的力度，但投资既不会像拓展自己的核心业务那样动辄几十亿美元，比如脸书信使的开发和网络信使的收购，也不会对其成功抱过高的期望。企业可以在这些持久战固有的不确定性中幸存下来，但没有必然取胜的把握。

到目前为止，扎克伯格完全不触碰的项目既不是基本项目，也不是必不可少的项目。即便把"让世界更开放和更互联"的外延扩至最大，还是跟他的某些做法沾不上边，比如收购网飞或维亚康姆等公司，而且也不是非得这样做，广告业才会健康发展。

脸书公司的持久战值得效仿：不要惧怕打持久战，但首先要把必不可少的那部分业务搞好。

第 11 章

脸书如何赢得人才大战

常识九

人才，人才，还是人才

背景：随着连接方式的增多和连接时间的不受限制，我们可以随时随地处理工作，这势必危及我们在工作和生活上的平衡。与此同时，越来越多的服务型经济将"人是公司最重要的资产"这一概念提升至前所未有的高度。相比任何其他因素，员工对公司及其工作的敬业度会影响他们的贡献和留下来的意愿。

脸书的应对之策：脸书公司强调要在整个公司内把员工与最吸引他们的工作相匹配，公司最重要的两位领导人扎克伯格和桑德伯格也不例外。

引人深思的问题：你最后一次问周围人"你一天最棒的时候是哪一刻"是什么时候？

用人所长

获得哈佛大学的工商管理硕士学位后的 10 年里，洛丽·戈勒证明了自己是硅谷所谓的"运动健儿"那类人。这种人拥有多方面的商业才能，并已经在不同环境下有所展示。就职迪士尼公司时，她从事商业规划；就职于网站 babystyle.com 时，她负责综合管理；而在易贝的 5 年里，她做的是用户营销。

因此，2008 年，她毫不奇怪地向谢丽尔·桑德伯格伸出援手，并在电话中一上来就提出了一个非常具有开放性的问题："谢丽尔，你最大的麻烦是什么，我能帮得上忙吗？"当时，桑德伯格刚加入脸书公司几个月，为了达成公司的使命，她要迅速而源源不断地招聘公司所需的人才，她提出让洛丽加入脸书公司，负责招聘。

洛丽从未带过招聘团队，但这并不十分要紧。作为一位名声在外的有才华的高管，脸书的使命让她兴奋不已，她深知招聘官的角色对脸书公司来说至关重要。洛丽入职几个月后，主管人力资源团队的克里斯·考克斯转而负责产品开发团队，并要求洛丽接替他的工作，洛丽的责任扩大到负责人力资源团队。

自那以后的 8 年里，洛丽专注于将脸书公司打造成一个"用人所长"的组织。员工从 2008 年的几百人，发展到 2016 年的超过 1.2 万人，或许脸书公司和洛丽是这个世界上"用人所长"方法的最强实践者，因此在硅谷的人才大战中始终立于不败之地。这是洛丽对脸书公司最为重要的贡献。

留住你的员工

硅谷重量级的人才大战都是在众目睽睽的大舞台上展开的，跳槽加入脸书公司的高级人才都上了新闻头条，比如桑德伯格，用户营销负责人加里·布里格斯，广告业务负责人戴维·费舍尔，新组建的臭鼬工厂 Building 8① 负责人丽贾娜·杜根（以上三位全部来自谷歌），脸书信使负责人戴维·马库斯（来自贝宝），人工智能研究实验室领头人扬·勒丘恩（来自学术界），以及在被收购后加入的照片墙和网络信使首席执行官凯文·斯特罗姆和简·库姆。其他在较小舞台上表演的则是不太出名的人，他们要么是通过猎头挖来的，要么是随着收购一起雇用的（为了得到人才，首先会进行小规模的收购），或是认为自己是可用之材，主动要求加入的。若他们在早期加入脸书公司的话，部分原因可能是冲着钱去的，但更多的是看到了另一个诱惑，那就是通过在脸书公司开发产品，扩大自己的影响力（如果你对有人怀着一种阴暗的报复心理讲述的故事感兴趣，请读安东尼奥·加西亚·马丁内斯的《泼猴》(*Chaos Monkeys*)，此书于 2016 年出版，它将脸书抖了个底掉）。

但是，脸书公司每年招聘成千上万的新人，在没来脸书公司

---

① "臭鼬工厂"在美国商界的历史源远流长。全球最大的国防工业承包商巨头洛克希德·马丁早在 1943 年首开先例。臭鼬工厂本是洛克希德·马丁高级开发项目的正式名称。如今，很多美国商界巨头在内部设立独立的机密部门，负责推进秘密的高科技项目。谷歌母公司字母表旗下的 Google X、脸书的 Building 8 都是著名的例子。——译者注

之前，这些人仍要保持最佳状态，他们的加入还不会登上新闻报纸的头版头条，而且脸书公司也无法再为他们提供改变世界的管理权或改变生活的股票奖励，此时，脸书公司就需要有一种对所有人都有吸引力的东西：让众人对脸书公司的工作满意度有口皆碑，让人们知道脸书公司不仅让像摇滚明星般耀眼的高管高兴，也使普通员工感到满意。

招聘还不算头等大事，让招聘进来的 1 万名优秀员工留下来才是最重要的。这些人已经了解了你在做什么，而且知道你是如何做的，他们的知识和经验最难以转换和取代。硅谷这个极其幸运的经济和知识环境让年轻人产生了曲解，因为它不断地发生创造性的破坏，而且尤其看重个人简历中最后几年的经历，因此，在这种情形下，年轻人会有强烈的冲动寻机跳槽，不但机会很多，而且这样做的奖励颇丰。在这种焦躁不安的环境中，员工往往在一家公司只干 4 年，因为初创公司股票奖励的兑现期通常为 4 年，这种奖励主要用于控制个人的产出。对于雇主来说，员工能干 6 年是件大好事，能干 10 年以上那就是一件值得特别庆祝的事情。如果公司无法源源不断地提供激励措施，从而强化员工的敬业度，公司成为一个乐观旁观者的机会将十分渺茫。

然而，自然减员是不可避免的，所以，赢得人才大战，并由此实现公司的长期发展，就意味着让人才的流入大于人才的流出：你是否能抵御人才竞争，让员工长期留在你的公司？你是否能让更多的人才从竞争者那里冲你而来，而不是离你而去，加入竞争对手的队伍？

敬业的员工才能让企业更卓越

回到 1999 年,洛丽一直是马库斯·白金汉和柯特·科夫曼的管理名著《首先,打破一切常规》的粉丝。盖洛普公司曾经对 400 家公司的 8 万名经理人进行了长达 25 年的跟踪研究,发现优秀的一线经理人拥有 4 个共同点,《首先,打破一切常规》对此进行了总结:

(1)选择人才时不单单看经验或决心
(2)明确结果,而不是措施
(3)激励人之所长,而不是紧盯其短处
(4)寻找适合的岗位,而非一心想着升职

第一点和第二点没得说,但让洛丽最感兴趣的是第三点和第四点:公司倾向于重视人之所长,实际上就是忽视其弱点(或从稍为实用主义的角度讲,就是致力于让某个人的弱点与承担的角色无关)。这种重视长处的做法是增进员工对其工作的敬业度和对公司的忠诚度的一个重要动力,而反过来,这又是他们做出业绩和愿意留下来的主要因素,而这也是硅谷人才经济的卓越资产。

为什么洛丽对以敬业度为核心的管理方法如此感兴趣?实际上它可归结为产生心流的化学物质和职业攀爬架蕴含的选择数

量问题①。

虽然从直觉上看，为了追求敬业度的最大化，将员工的长处与其职业角色相匹配似乎"很好"，但它在实践上取得成功是有更为深刻的原因的。它植根于20世纪70年代芝加哥大学匈牙利心理学家米哈里·契克森米哈赖的研究。所谓"心流"指的是一种意识状态，在这种状态下，我们会感觉自己最棒，并能取得最好的业绩。这种状态的影响力非常强大，以至麦肯锡公司经过10年有针对性的研究后，发现处于心流状态的企业高管成效提升了5倍。

契克森米哈赖的研究让人们知道了一种具体的方法：心流通道，从而理解了如何进入心流状态，以及为什么它拥有强大的影响力。如图11-1所示，它将员工的技能与任务的匹配与该任务的挑战性相关联。若技能熟练，任务没有挑战性，员工会感觉无聊厌倦。若技能不熟练，任务的挑战性较大，员工会感觉焦虑不安。若技能不熟练，任务也没有挑战性，员工会漠然处之。然而，在心流通道中，员工在现有技能的不断增长和稍微超出技能水平的挑战之间就会取得良好的平衡。

心流通道处于良好平衡状态时，我们会感觉精神集中、头脑清晰、更有自信、创造力更高，我们这时学得较快，觉察不到时间的流逝，而且能感受到强烈的内在激励。这让人感觉像是处于

---

① "攀爬架的选择数量问题"是一种比喻，若是沿着职位阶梯或金字塔发展，越往上机会越少，相对而言，类似于儿童攀爬架式的职位设计可上可下，可左可右，不但机会更多，而且让更多的人有了职业发展的选择，因此，纵横式的攀爬架好于上下式的阶梯或金字塔。——译者注

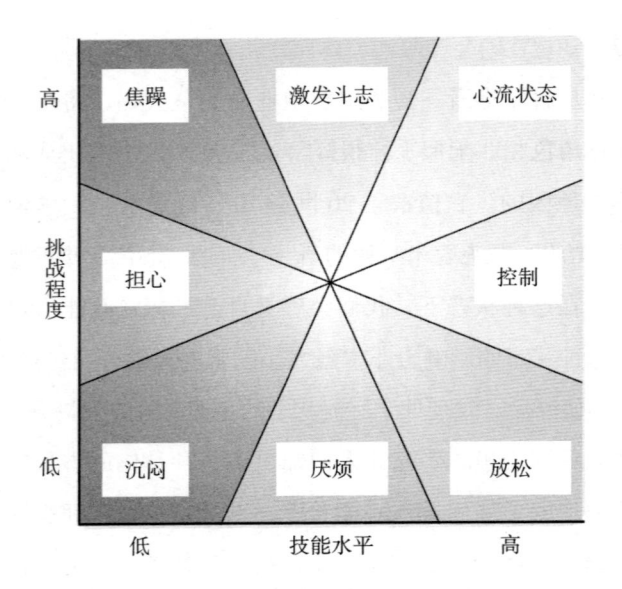

```
高  │ 焦躁    激发斗志    心流状态

挑
战  │ 担心              控制
程
度

低  │ 沉闷    厌烦      放松
    └─────────────────────────
     低      技能水平      高
```

图 11-1 各种技能和挑战下的心理状态

一种改变了的意识状态中,是的,正是如此。在 2014 年 5 月《哈佛商业评论》发表的文章中,史蒂芬·科特勒描述了这种影响神经的化学物质罕见的汇合:

> 心流状态下,大脑释放去甲肾上腺素、多巴胺、内啡肽、大麻素和血清素。去甲肾上腺素和多巴胺会增强专注度,帮助我们摒弃多重任务导致的持续的分心。内啡肽会阻断痛感,让我们日夜操劳,无暇休息,却不至于精疲力竭。大麻素促进横向联系,这要比大多数集思广益的讨论会更能产生深刻的见解。血清素是那种让我们感觉良好的化学物质……培训

要比任何最精心组织的户外拓展活动更能让团队凝聚在一起。这5种化学物质是大脑所能产生的最大奖赏,而唯独心流能让大脑同时产生这5种物质。它让这种状态成为最令人愉悦、最有意义和最容易上瘾的经历之一。

心流是个好东西。若让员工更多地处于这种状态,前提是洛丽要把工作重心放在把人的长处和其职业角色联系起来。心流是不能通过规定或命令等外力诱导产生的。实际上,在目标明确和反馈快速的情境下,若缺少让机会与能力相匹配的内在激励,心流是不可能形成的。

当团队和整个企业可以大规模地创造这些条件时,甚至整个系统都可以存在心流,这种针对团体凝聚力的感受即所谓的"社群心流"。从脸书公司的角度看,它源于该公司各个层面的员工对其"让世界更开放和更互联"使命的极大认可。

除了脑内的化学物质,还有对员工敬业度的考量,对比传统的"职业阶梯",洛丽最喜欢的"职业攀爬架"最能说明这一点(她自己的职业生涯就是一个例子,不仅有横向的工作调动,也有纵向的职位下降,比如她刚进入脸书公司时的职级就比原先的职位低)。

如果敬业度只靠沿着职业金字塔的阶梯持续地向上爬才能维持,而且每一个台阶的职位就有为数不多的几个时,那么,这种"阶梯"就无法保证大多数员工维持敬业度。另一方面,"职业攀爬架"既提供了在某一领域个人发展与更大挑战相匹配的灵活性,又为在另一领域的发展重新设置了兴趣、技能和挑战的组合。

换句话说，职业攀爬架要比职业阶梯更有可能让每个人保持心流状态。

一项长达40多年的研究证明，这种心流状态对于人们自我感觉表现最佳是至关重要的，这项研究的研究对象十分宽泛，有外科医生、乐手、舞者、登山者、棋手、意大利农民、纳瓦霍牧羊人，也有韩国老妇、芝加哥的装配线工人和日本少年帮派成员。

不管怎样，心流状态对于千禧一代尤为重要，到2025年，他们将占到美国劳动力的44%，是比例最大的一群就业人口。他们比婴儿潮一代更认同"事业上取得成功和得到认可必然就能过上好日子"（千禧一代91%，婴儿潮一代71%），并通过跳槽寻找合适的雇主，以寻求取得如此成功的环境（其中有60%的人会在3年内离职）。

这对未来的寓意再简单不过了：对世界上最优秀的公司来说，源自技能和挑战相匹配的敬业度可不只是一种可有可无的东西，离开它，任何公司都不可能走向卓越。

跨越层级的用人原则

理论说得够多的了，实践中行得通吗？

2015年，Payscale（薪酬调查分析公司）收集了33 500名技术工人的数据，并于2016年3月发表，从这些数据看，用人所长的办法非常有效。此项调查的重点为18家一流科技公司，其中，脸书公司的员工的满意度最高（96%），压力感最小（44%）。其下依次是谷歌公司（满意度低于90%）和苹果公司（满意度勉强超过70%）。

此外，在Glassdoor（美国知名求职招聘网站）公布的2017最佳职场榜单中，脸书公司排名第二（在科技行业排名第一），在满分为5星的评级中，脸书公司得了4.5星。另外，92%的员工表示可能会向朋友推荐脸书公司，92%的员工对脸书公司的未来持积极乐观的态度，98%的员工认可扎克伯格作为首席执行官的领导力。在这个榜单中，谷歌公司排名第四位，苹果公司排名第三十六位。

尽管被外人嘲笑，但在硅谷，免费食品、干洗服务和班车等便利服务已经变得非常普遍，所以硅谷每天上演的人才大战中，这些服务已经不再是获胜的独门武器。现在，"整个公司的员工都对工作感到满意"的名声才能让公司与众不同，脸书公司能在人才大战中做到员工进多出少，恰恰也是这个原因。

据招聘网站最佳人选（Top Prospect）早在2011年的分析，脸书公司从苹果公司挖走的人与苹果公司从脸书公司挖走的人之比为11∶1，对于谷歌，这个比例是15∶1，对于微软，这个比例是30∶1。即使在2015年，Quartz（美国知名商业新闻网站）杂志调查领英的数据表明，微软、谷歌和苹果仍然位列脸书公司现员工前雇主名单的前5名，但脸书公司却不在微软、谷歌和苹果员工前雇主名单的前5名里。

新员工入职后，脸书公司会举办为期6周的新员工训练营，训练营结束之后，脸书公司的做法是由新招聘的员工选择加入自己有意向的团队，而不是由团队挑选他们，这是脸书公司关注敬业文化最制度化的例子之一。

或许更有说服力的是，这种用人所长的方法同样适用于脸书公司的高层管理者，比如扎克伯格和桑德伯格之间的分工。扎克伯格几乎把全部的时间都放在了产品战略和产品开发上，而桑德伯格则专注于经营广告业务、合作伙伴关系维护、沟通交流以及政策的制定和实施。扎克伯格花很少花时间与广告客户打交道（相比之下，比较传统的首席执行官都要在这一点上花时间），桑德伯格同样不会在脸书公司的产品上花太多的时间。但这并不表示两人中谁对客户或产品不感兴趣或不尊重，而是通过各自做自己擅长的事，将两人在自己擅长的领域投入的时间最大化。

这种做法让脸书公司及其员工和客户实现了成果最大化，扎克伯格和桑德伯格为洛丽用人所长的方法树立了最好的榜样，这个方法提醒每一位员工要找到最适合自己的职位，并让每一位管理者在此过程中发挥应有的作用。

第 12 章

脸书称王

常识十

回归使命，回归常识

背景：每天需要付出加倍的努力才能产生显著的变化。只有非比寻常的激情才能为这种努力提供动力。

脸书的应对之策：即便处于最艰难的时刻，脸书公司也比竞争者更关心如何履行其使命，所以，它战胜了强大的竞争对手。这种成功就连扎克伯格也感到惊奇，要知道，这些竞争对手处于更有利的位置，而且提供与脸书相同的服务。今天，每天有10亿多人使用脸书。

引人深思的问题：有人比你更关心你的使命吗？

担惊受怕且糟糕透顶的 124 天

市场对于脸书公司宣布收购照片墙的消息表示欢迎，但此后1个月，同时也是脸书公司尚处于上市之前的静默期，形势开始急转直下，而且越来越糟，如第1章所述，我们发现自己处在十字路口，茫然无措。

脸书公司的新股首发是有史以来最令人期待的首次公开募股之一，因此备受瞩目。在此重要时刻，各种坏消息接踵而至，而且越来越糟糕的事情简直滑稽得让人难以置信。

2012年5月9日，在上市注册文件S-1报表的第六修正稿中，脸书公司犯了一个明显对自己不利的大错，当时离公开发行股票还剩下不到10天的时间，它在招股说明书中添加了以下内容：

> 我们目前并没有直接从脸书公司的手机产品中获得任何实质性的收入，而且无法确定将来能否获此收入。如果用户越来越多地通过手机访问脸书，而不是通过个人电脑，如果我们无法针对手机用户探索出盈利模式，或者我们为此花费过多的话，我们的财务业绩和营收能力将受到不利的影响。

形势不妙。不确定性对任何股票都是有害的，更不用说一只备受关注的股票了，而且正值上市前夕，还是公司自己造成了这种不确定性。

据传美国第三大广告客户通用汽车公司上年已经在脸书平台

上花费了1 000多万美元，就在修正稿发表一周再过两天就要上市之时，通用汽车公司为这个不确定性来了个火上浇油。在《华尔街日报》商业版的头版，标题为《通用声称在脸书投放广告得不偿失》的报道给人一种不祥的感觉。文中通用汽车公司营销总监乔尔·伊万尼克对脸书广告的实效表示担忧，并暗示将撤回投放在脸书的所有广告。就在两天前，费雷斯特研究公司的分析师纳特·埃利奥特写了一篇博文，表示"从消费电子到金融服务行业的公司告诉我们，它们不再确信脸书公司是其社交网络营销预算的最佳投放处，鉴于该网站在用户中的优势，此事令人震惊"。而在6个月前，世界最大的广告公司WPP集团的负责人苏铭天爵士说，他"对社交网络的赢利能力从根本上持怀疑态度"，事态变得越来越严峻了。

5月18日上午，星期五，这一天是期待已久的脸书公司新股首发日，压抑已久的焦虑没有得到释放，情况反而更糟，而且雪上加霜。

脸书公司选择在纳斯达克证券交易所交易其股票，尽管各人有各人的看法，但此类股票交易所的主要功能是迅速而准确地达成买卖双方之间的交易，并将与这些交易相关的信息迅速而准确地传达给交易各方和所有交易的参与者。在那个星期五，由于空前的交易需求导致计算机系统出现了故障，脸书公司股票的开盘被延迟了30分钟，再加上交易结束和结束通告拖延到了开盘3个多小时之后才发布，纳斯达克证券交易所有史以来头一次无法履行它应尽的职责。在开盘前30秒交易了8 000万股和当天交易了5.67亿股之后，脸书已经创下了销量纪录，甚至超过了之前的老大通用汽车公司（没错，就是那个不再是脸书广告客户的通用汽车公司），但因为交易无法及时确认，再加上新股发行期间积累起来的不确定性，脸书公司付出了沉重的代价。它的股票以 38.23 美元收盘，低于当天 42 美元的开盘价，只不过略高于 38 美元的发行价，还是因为脸书自己的承销银行在当天晚些时候利用超额配售选择权购买了 6 000 多万股，才得以将股价支撑住。

纳斯达克证券交易所未能处理好脸书股票发行首日的交易需求，这还是自它成立以来第一次出现这种情况。这引发了 40 起诉讼，交易所最终必须支付 1 000 万美元的罚款，以摆平美国证券交易委员会有关脸书公司新股发行的指控，并自愿向在第一天受故障影响的做市商偿付 4 160 万美元。另外，交易所因为没有披露其新股发行系统中的技术缺陷，而且没有为脸书公司新股发行进行相应的设计和测试，而被认定违反联邦法和州法，因此必须向一级散户投资者偿付 2 650 万美元。一级散户投资者因交易所扰乱市场而获得交易赔偿，这还是有史以来头一次。

直到 2012 年 5 月 21 日（星期一）股市开盘时，那个星期五发生的交易混乱留下的后遗症仍然余威不减。由于股票被抛售，脸书公司的股价在 5 分钟之内下跌超过 10%，触发了所谓的交易"断路机制"，交易所只好暂停股票交易，以减缓股价的直线下跌。脸书公司股价在那个星期一收盘时下跌了 11%。

不良影响仍将继续。

第二天，仅仅是脸书公司股票公开发行的第三天，路透社刊发了一则新闻报道，称为了赚取近 2 亿美元的承销费，在新股发行准备阶段，基于招股说明书修正内容中对于手机服务收入的警告,以及脸书公司财务主管和分析师之间的交流,脸书公司的承销商摩根士丹利、摩根大通和高盛的分析师下调了脸书股票的盈利预期,但只是向大客户谈到了调低预期的事,并没有向公众透露。人们普遍认为这一举动在新股首发阶段是没有先例的,它可能导致机构投资者从根本上改变对脸书公司股票的观点,并造成在新股发行之前参与买卖的机构投资者和只能在新股发行后才能参与买卖的散户投资者之间的信息不对称。2015 年,一桩与此有关的集体诉讼被驳回,截至 2015 年 12 月,仍有两桩诉讼在走司法程序。

2012 年 5 月,跟商业圈里的所有大佬看法一样,《华尔街日报》宣称脸书公司的首次公开募股是一次"惨败"。该股继续下跌也就没什么奇怪的了,至 2012 年 9 月 4 日,脸书公司的股价已经低于 17.73 美元,其 1 000 亿美元的新股发行市值已经蒸发掉了一半多。

到底是什么导致了这种悲观情绪呢?

在科技股中,人们最看重的是谷歌公司的股票。谷歌公司及其母公司字母表公司就是持续获利和收入增长的楷模,自 2004 年首次公开募股以来不断取得突破。2011 年第四季度,比起谷歌公司,脸书公司开始在两个关键维度上相形见绌,从图 12-1 中可以清楚地看到这一点:脸书公司在公司同一生命周期的收入比谷歌公司少很多,同比收入增长率也低于谷歌公司。这可不是一个好组合,一点也不好。

2012 年 9 月 11 日,扎克伯格登上 TechCrunch 举办的创新峰会的讲台,与出了名爱问一些刁钻难缠问题的迈克尔·阿林顿进行对话。这是扎克伯格自新股发行之后首次公开发表意见。当人们看到曾经的创新宠儿明显在挣扎求生时,对脸书公司前景的质疑之声甚嚣尘上，空气中弥漫着幸灾乐祸的味道。

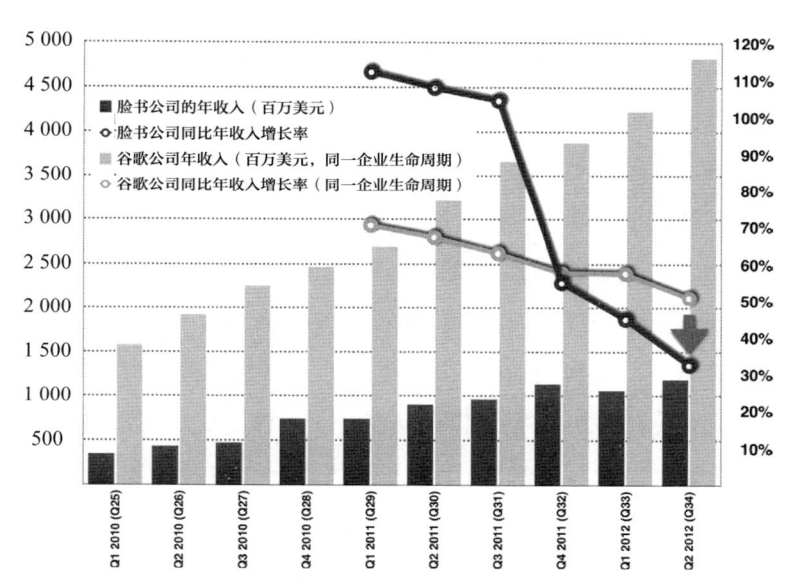

图 12-1　脸书和谷歌在同一企业生命周期中的收入和收入增长率对比

会场没有摆放椅子，与会者只能站着，想必他们必定吃惊不已吧。

拉高，一路向上

当时，扎克伯格很享受在脸书公司内部与员工进行直接而深思熟虑的问答，与这种内部成功相比，大众并不认为扎克伯格是一个引人注目的公众人物。在大多数外部观察家心目中，他还是 2010 年 6 月现身一切数字化技术会议（All Things Digital）时，一上场就大汗淋漓的那个狼狈样。当时，他接受了硅谷名记者卡拉·斯威舍和沃尔特·莫斯伯格的访谈，在谈到隐私保护等备受争议的问题时，他开始紧张焦虑，据会议的博文介绍，这一形象被永远定格了："上帝啊，扎克伯格简直要淹没在自己的汗水里了。这会是他的尼克松时刻吗？"

这次挑战显然比 2010 年那次还要巨大，但在 2012 年 9 月的时候，扎克伯格能跟阿林顿探讨脸书公司的失策和机遇，而且轻松自如、精力充沛、态度诚恳，实在是出人意料。

TechCrunch 专门负责报道脸书公司的记者乔希·康斯汀捕捉到了这一时刻："在概述他的战略时，扎克伯格描述得非常深刻，而且很有冒险精神，甚至是咄咄逼人的……阿林顿看上去吃惊不已。"

在谈到营收（"我们的手机产品战略完全被误解了。我们的手机版要比电脑版赚钱更多。"）、人才（"现在是加入脸书公司的好时机，留下来更是美不可言。"）、解决方案（"我宁愿被人低估。那会给我自由，让我能做感兴趣的事情。"），扎克伯格直言不讳（"这不是我们第一次经历起伏了。"），坦诚相见["作为一家公司，我们的最大错误是在（表现不佳的移动技术）HTML5 上押注太多，而没有重视（速度更快的）原生（代码）。"]，并且很有远见。就像一位面临生死抉择的战斗机飞行员仍以高超的技术和冷静的头脑履行职责一样，扎克伯格解释了脸书公司如何止住了进一步"俯冲"的趋势，他的解释充满了自信，不容置疑的自信，并且在当时那种情况下，是种说不清道不明的自信。

然而，这可不是表演，这只不过是扎克伯格把脸书公司已经做了一年多的工作第一次公开展示罢了：用适合苹果 iOS 操作系统

（以及 4 个月后谷歌的安卓操作系统）的高性能原生代码彻底重写脸书关键的手机应用程序，这让每个手机用户传送的动态消息数量翻了一番，并完成了公司向"手机第一"的产品开发思路转型，做出了在动态消息中全面投放广告的重大决定，还决定将广告业务扩展至手机版动态消息。在接下来的 4 年里，这两个决定使脸书公司从零收入发展成为年收入 200 多亿美元的企业。

外界对扎克伯格这次的表现好评如潮，效果也立竿见影，无论是在人头攒动的会议厅，还是在华尔街，脸书公司的股价在他发表那番言论之后数小时内上涨了 4.6%。这只不过是这只科技股几次命运大反转之一，2012 年 10 月 24 日，即 2012 年第三季度盈余公告表明收入止跌回升的次日，脸书公司的股价升至 23.23 美元；2013 年 7 月 25 日，即 2013 年第二季度盈余公告继续表明收入加速增长的次日，脸书公司的股价升至 34.36 美元，几乎是其低点时的两倍；2013 年 9 月 5 日，脸书公司的股价升至 42.66 美元，这是它首次超过首次公开募股当天的开盘价；2013 年圣诞前夕，脸书公司的股价升至 57.96 美元；2016 年 5 月，这个数字翻了一番，达到 120 美元，使得脸书公司的市值达到近 3 500 亿美元，是低谷时市值的 7 倍。

具有讽刺意味的是，为这一轮股价上涨画上圆满句号的竟然是通用汽车公司。2012 年 7 月，伊万尼克离开通用（据通用汽车公司的说法，伊万尼克"未能达到公司对员工的期望"，事关他在曼彻斯特联足球俱乐部 7 年 5.59 亿美元的赞助交易中存在不当行为）。2013 年 4 月，通用汽车公司重新在脸书投放广告。

图 12-2 比较了脸书公司和谷歌公司的收入增长率，帮助我们

理解了脸书公司为什么能重获生机：脸书公司成功的关键是同比收入增长率一再加速增长，这非常少见。从 2012 年第二季度低点时的 32%，到 2014 年第一季度高达 72%，接着是 2016 年第一季度再次由低点加速上升至 52%，对才经营才 12 年，而且年收入近 200 亿美元的公司来说，这样的成绩是罕见的。

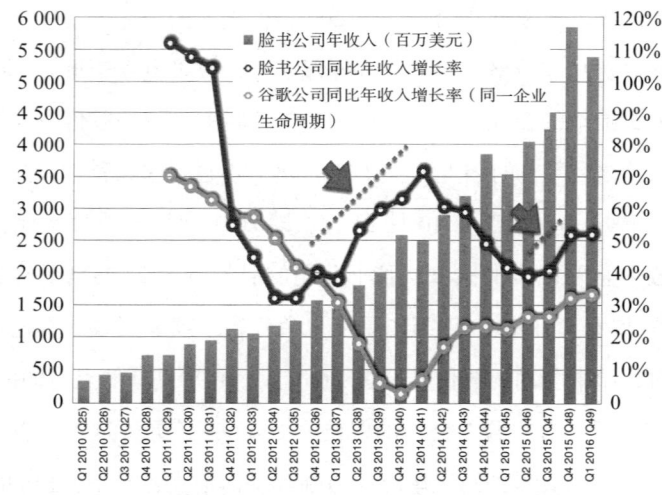

图 12-2　脸书公司和谷歌公司的收入和收入增长率再比较

曾经的领头羊谷歌公司呢？自 2012 年第四季度起，脸书公司每个季度的收入增长率都高于同一生命周期时的谷歌，并在 2016 年第一季度，以令人印象深刻的超越预期的收入成绩，结束了谷歌公司这段近 4 年的收入领先期，就在同一周，领头羊字母表公司和苹果公司的成绩却让人大失所望。脸书公司股价的上涨，以及字母表公司和苹果公司股价的下跌，标志着这 3 家关键性的消费技术企业在短短一周之内出现了近 1 000 亿美元的市值差。

毫无疑问，收入上大获成功以及相应的股市成功可不是可有可无的，这对脸书公司获得尊重、培养自信和增进热情是至关重要的，因为这两点对员工、客户和用户有吸引力，并且既能留住他们的身，也能拴住他们的心。这两点是维持生命的氧气，不但脸书公司核心业务的扩张要依靠它们，大规模的收购和投资也要依靠它们的支持才能进行，只有这样，脸书的未来才会有保障。

互联网的消费技术处于不断变化之中，它的结局很难料，不会一成不变。若不是在2012年收入增长出现了转折，脸书公司将会落得跟聚友网、高朋团购、雅虎和推特一样的下场。

脸书公司不仅没落得这样的下场，根据一些衡量指标，它反而已成长为有史以来最大的消费服务公司。

脸书称王

作为服务提供商，脸书公司提供的服务已成了我们生活中不可或缺的东西，这要比它在2012年和2016年间的业绩表现更令人印象深刻。毋庸置疑，在通过手机使用户与人和世界相连方面，脸书是领导者。

在美国，人们在数字媒体上花费的时间在2013年超过当了60年老大的传统电视。正如我们在图12-3看到的那样，消费者花在移动设备上的时间有望在2020年超过电视。这一趋势在年轻人身上表现更加明显。例如，18岁至24岁的美国人每月花在手机上的时间是120多个小时。

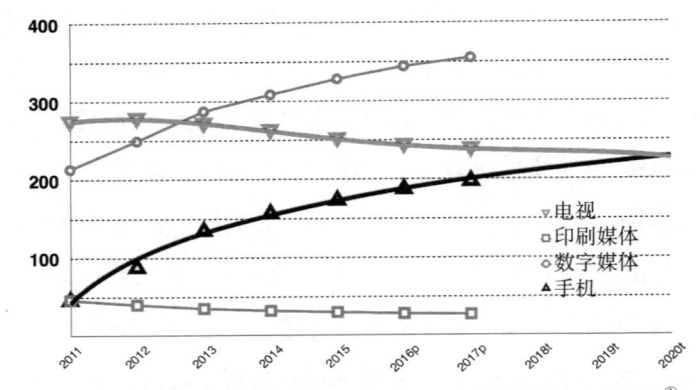

图 12-3　美国成年人在不同平台每天平均花费的时间（分钟）[①]

如图 12-4 所示，人们在智能手机上花费的时间，50%用在了他们最常用的应用程序上，80%用在了最常用的 3 个应用程序上。跟大多数国家一样，美国也是脸书被使用得比较广泛的国家之一，美国 48%的用户在手机上使用频率最高的应用程序是脸书，80%的用户使用频率最高的 3 个应用程序之中就包括脸书。脸书在手机端渗透的广度和深度是史无前例的。

美国人使用频率排名第二的应用程序是哪个？脸书信使。它也是脸书公司开发的产品。

我们会花多少时间在脸书产品上呢？在美国，几乎用户在手机上每花 4 分钟就有 1 分钟在使用脸书、照片墙和脸书信使，加起来等于用户每天要在脸书产品上花费 50 分钟。

无论是使用人数，还是用户在线时长，脸书都领先于竞争对

---

① 图中 p 代表 "projected"，表示 "预测"；t 代表 "theoritical"，表示 "理论上的"。——译者注

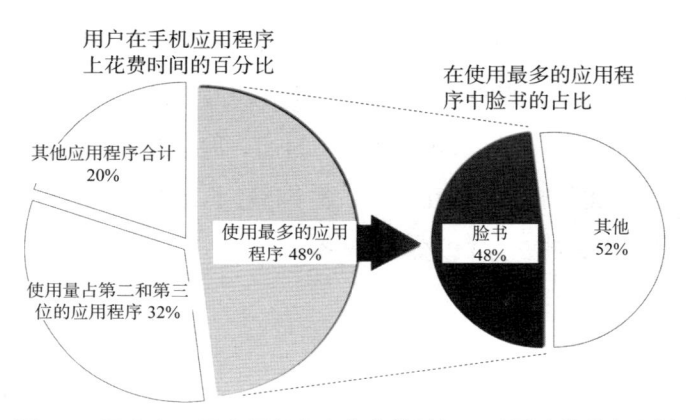

图 12-4 用户在不同应用程序上花费的时间，以及脸书所占比例

手，由此我们得到了两个奇怪的图（见图 12-5 和图 12-6）。脸书公司遥遥领先，处于两个图中的右上角。无论是 18~34 岁的用户（其中，脸书的普及率超出第二名 50%，而这个第二名还是脸书公司旗下的照片墙；在用户在线时长上脸书是照片墙的 3 倍），还是 35 岁的用户（脸书的用户在线时长几乎是照片墙的 5 倍），脸书的用户在线时长都是最高的。

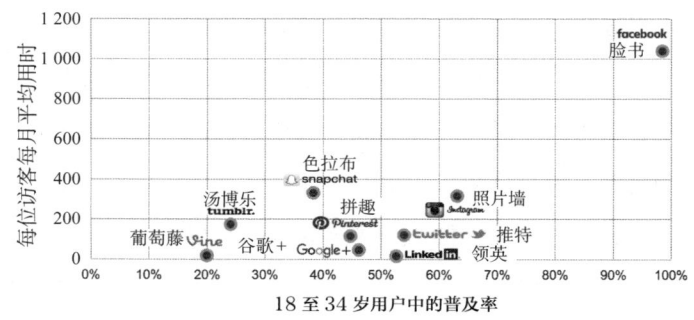

图 12-5 领先的社交网络在 18~34 岁用户中的普及率和用户在线时长

截至 2016 年 12 月，在全球范围内，脸书公司每月为 18 亿多脸书用户、10 亿多网络信使用户、10 亿多脸书信使用户和 6 亿多照片墙用户提供服务。2015 年 8 月 24 日，脸书首次实现单日为全球 10 亿人提供服务。现在，这个数字超过了 12 亿。

脸书天天都要为 12 亿用户服务！

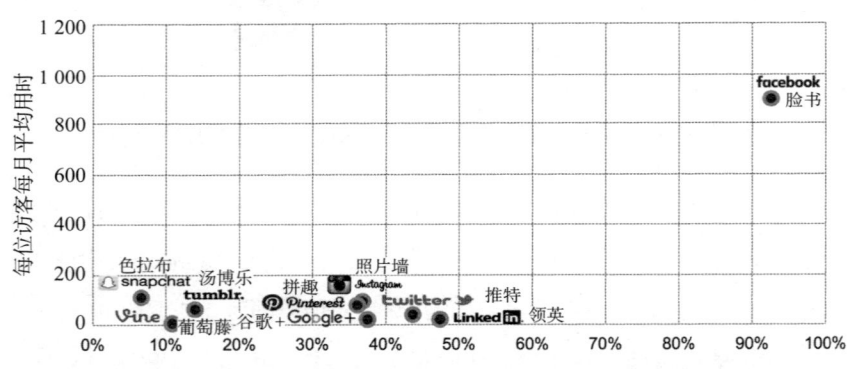

图 12-6 领先的社交网络在 35 岁以上用户中的普及率和用户在线时长

"比其他人更关心使命"从皮诺曹比萨店就开始了

没有谁比扎克伯格对脸书在人际互联方面取得的巨大成功更感到惊讶的了。这并非因为他怀疑自己的使命，而是对从 2004 年开始创办脸书的一小群人能达成如此全球性的成就感到不解，而且他们赶在一家规模更大、更有可能达成这项成就的企业打败他们之前做到了这一点，他认为微软或谷歌有很大的嫌疑想吃掉他们。当时，扎克伯格和他的伙伴挤在皮诺曹比萨店里探讨世界大势，其中就有他在哈佛计算机系的同学、脸书公司的老员工、工程部负责人金康星（Kang-Xing Jin），而这家又小又暗的比萨店离波士顿的哈佛广场就一个街区远。他们一致同意人际互联非常重要，而且必然会发生，但会是某家规模更大的公司为人际互联提供必要的服务，而不是他们这家刚起步的企业。

既然如此，怎么轮得上脸书公司拔得头筹了呢？

从扎克伯格在 2014 年脸书发布 10 周年纪念日那天发表的一番评论不难看出端倪，他认为：一路走来，他和不断发展壮大的团队秉承他的使命，"仅仅是比其他任何人更关心人际互联"。

如果"更关心"听上去过于笼统，甚至有点平淡，那就让我换一个更有深度的说法："更关心"可以归结为更专注（冲破发展停滞、既有问题和竞争威胁的障碍，弱化用户和媒体的吹毛求疵以及首次公开募股带来的纷扰，专注于增长和产品），更迅速，更渴望冒险，更不怕失败，更没有前人做法的包袱，更不沉溺于现有的成功而无法自拔。这一切形成了合力，使一个弱小的竞争者战胜了强大的竞争对手，使脸书公司为人际互联注入了更多的活力，远超其他公司之前所做的一切。

扎克伯格对此没有表现得情绪激动，这提醒了我们，"更关心"并不代表要总是喜形于色。在 2012 年 9 月 TechCrunch 那次关键访谈中，阿林顿最后问道："在公司最为困难的时刻，你是否仍然觉得开心？""是的。"扎克伯格微笑着说，然后，他愣了愣神，最后说道，"对我来说，其实与开不开心没有关系，它关乎使命。"

第三部分

脸书的未来

第 13 章

即时通信软件结合人工智能
——两匹战马加一个机器人

社交网络市场巨大，大到可能只有一类应用程序的市场比它更大：即时通信软件。如图 13-1 所示，虽然脸书和照片墙分别是排名第一和第二的社交网络，但还有 4 个即时通信软件大过照片墙：网络信使、脸书信使以及中国势不可挡的腾讯QQ和微信。目前，在世界前 10 位的通信类应用程序中，占主导地位的是 7 个即时通信软件。

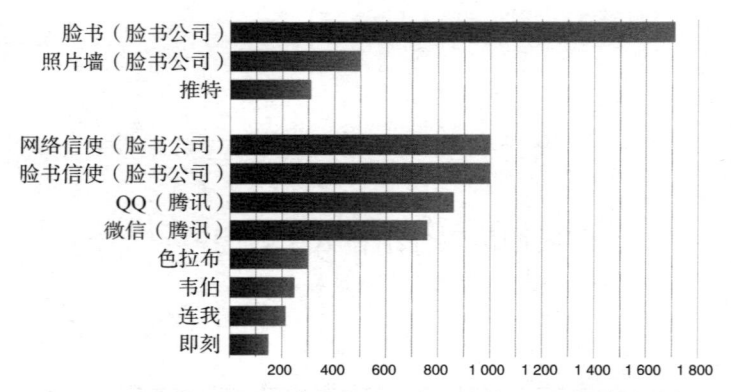

图 13-1　全球月活跃用户数（百万人，约从 2015 年第四季度至 2016 年第二季度）

现在的新事物和 20 年前的新事物真的会很相似吗？就像之前美国在线的 AIM 和 ICQ（两者都是即时通信软件）。就算是这样也一点不奇怪。即时通信软件总是由双向交流媒体首先采用，而且通信功能都是最基本的：

▶ **电报**（1844 年问世）：塞缪尔·莫尔斯的电文："上帝创造了什么？"

▶ **电话**（1876 年问世）：亚历山大·格雷厄姆·贝尔说："沃森

先生，到这里来。"

▶ **互联网（1969年问世）**：查理·克莱恩发送的"lo"（单词login中的lo）。

发送短消息是最原始的互动。数万年来，我们一直在进行一对一或小群体的交谈，现代手机完全适用于提高短消息发送速度和扩大接收范围的需求：

▶ 短消息发送是我们的设备中最简单、最人性化的功能。
▶ 多亏了你电话里的联系人名单，即时通信软件可以立即将你想要连接的所有人组成一个网络。
▶ 人与人之间随时都可以互相联系，并且不因为接打电话而中断。
▶ 在避开了运营商的短信（SMS）服务费或多媒体短信（MMS）服务费之外，许多互联网即时通信软件还提供语音通话和视频通话服务，国际间的用户交流尤其需要语音通话和视频通话。

由于使用简单，好处又多，即时通信软件迅速普及开来。中国互联网巨头腾讯公司的QQ和微信在中国发展壮大，连我是日本最受欢迎的即时通信软件，韦伯（Viber）受到了欧洲人的追捧，色拉布则备受美国千禧一代的喜爱。

短短4年的时间，处于全球领先地位的网络信使月活跃用户数就增至 4 亿。而脸书花了 6 年时间才拥有同样数量的用户。

尽管脸书公司在 2012 年收购了照片墙,但很明显,即时通信软件将在人们的分享方式以及让世界更开放和更互联方面发挥重要作用,因为"让世界更开放和更互联"是脸书公司想要追求的目标,也是脸书确立其领导地位所必须尊崇的。不管即时通信软件是否能在将来超过脸书,还是两者继续并驾齐驱,扎克伯格都会让脸书的使命免受侵蚀,同时还要寻找更多的商机,要知道,某些即时通信软件因为占尽先机,营收已达数亿美元了,这在亚洲尤其突出。

在这场即时通信软件的争夺战中,扎克伯格需要一匹战马。

冲锋陷阵的战马

虽说有一匹战马已经不错了,有两匹绝对更好。所以,下面我要说的是:一匹战马之王和脸书公司在自家后院养的一匹笨拙的小马如何最终归了同一个主人。

不难理解简·库姆为什么养成了低调务实的风格。库姆于 1992 年抵达硅谷,当时他 16 岁,是来自乌克兰的移民。他在一家杂货店上班,负责收集食品救济券。当时他跟母亲住在一起,他母亲患有癌症,并于 2000 年去世,而他的父亲未能来到美国,1997 年死于乌克兰。

他就读于圣何塞州立大学,但没等到取得学位,就离开了学校,到雅虎的基础架构部门工作,在那里他遇见了布赖恩·阿克顿,布赖恩将成为库姆整个职业生涯中一个至关重要的合作伙伴。

雅虎的衰落让他们的梦想幻灭，两人于2007年离职，并四处寻找下一份工作，讽刺的是，他俩都被脸书公司拒绝过。2009年11月，库姆和阿克顿推出了网络信使，而这个创意的来源是库姆得到的第一部苹果手机。他从苹果手机上发现了一个商机，即把一个简单而稳定的、基于互联网的软件与手机联系人名单叠加，苹果手机就拥有了发布状态和发送短消息的能力。

2012年年初，网络信使已经拥有9 000万活跃用户。扎克伯格开始与库姆接触，他们定期会面。这对当年脸书公司收购照片墙起了很大的作用，更重要的是，他们的会面促成了收购之后整合的成功。

事实上，分别执掌网络信使和照片墙的两人性格不同，库姆低调内向，不喜欢抛头露面，凯文·斯特罗姆不仅潇洒还喜欢公开亮相，但他们的共同点是两人都是富有远见的创建者，都想要一个相互了解且值得信赖的聪明的合作伙伴，都需要一家成功企业提供资源和掩护，这样他们自己能不受干扰，独自工作，从而推动产品不断进步。

扎克伯格和库姆建立联系两年后，2014年2月，在扎克伯格家里两人的一次单独谈话中，他提出以190亿美元收购网络信使，并给予库姆脸书公司的董事会席位，就看库姆是否接受了，而库姆和阿克顿都同意了。

到2016年2月，收购计划宣布两年后，网络信使的月活跃用户数从4.5亿增长至10亿，每天的短消息数量达420多亿，是全球手机短信数量的两倍多，另外，网络信使还发送了16亿张图片和2.5

亿个视频。这些数字的背后只有 57 位工程师，效率高得令人震惊。

虽然网络信使的成功来得迅速，但脸书自己开发的应用脸书信使却走了一段比较曲折的道路，然后才壮大起来。

虽然我们一开始都可以通过脸书发送短消息，但在 2010 年 11 月，当脸书尝试把文本、即时消息和电子邮件与 @facebook.com 的域名捆绑起来时，它却失败了。直到 2011 年 8 月，脸书公司才发布独立的脸书信使应用程序，这步棋之所以成功，是因为当年年初脸书公司收购了基于 iOS 和安卓操作系统开发短消息群发应用程序的白鲸公司（Beluga）。

2012 年 11 月，脸书信使月活跃用户只增至约 5 700 万，落后于网络信使和微信等即时通信软件，据传后两者的用户数接近两个亿。因此，在即时通信软件策略上，脸书公司继续沿袭其"人格分裂"的路线，将独立的脸书信使某些最好的功能整合进脸书中，作为一种防御策略。脸书信使的用户规模继续增长，但直到 2013 年 11 月仍然没有走红，所以，脸书公司重新开发了应用程序，使之成为完全用于手机对手机、一对一和群发的信使，专攻速度和易用性，例如它完全基于用户的手机号码，而不必非要注册成为脸书用户，这只不过是抄袭了大多数其他即时通信软件建立连接的简单机制。

6 个月后，脸书信使的月活跃用户数仍旧保持在 2 亿，所以，到了 2014 年 4 月，脸书公司做出重大决定，从脸书中移除所有短消息发送功能，迫使用户下载脸书信使。这在当时是一个颇受争议的决策。

在这个 4 月份的重大决定之后，5 月，扎克伯格又做了一个重大决定：他将接触一位管理着 1.5 万人的公司总裁，与他建立联系，说服他加入脸书公司，负责脸书信使的开发。而当时的脸书信使团队才只有 100 人。

戴维·马库斯一直都在电信和商业服务领域担任创始人和创建者的角色。1996 年，23 岁的他开创了 GTN 电信公司，这是瑞士市场放松管制之后第一批电信运营商之一，并于 2000 年将其卖给了世途公司（World Access）。然后，他创办了移动支付平台 Echovox，他又以此为基础衍生出了手机支付公司 Zong，2011 年，这家公司被全球互联网支付巨头贝宝收购。他在贝宝公司期间，成为手机部门的领导人，并在 2012 年成为贝宝公司总裁。

脸书公司曾经拿不定主意，不知是让脸书信使单独存在好，还是并入脸书好，既然现在让脸书公司犹豫不决的问题已经解决，若要把脸书信使打造成成功的产品，马库斯就是承担此项任务的不二人选。照片墙和网络信使的演变，专注于打造现在正加速发展的脸书信使，不必操心贝宝和脸书公司的整体增长和企业成就，这样的机会无疑是一杯令人兴奋的鸡尾酒，经过多次会面，扎克伯格把它调了出来，最终令马库斯无法抗拒。

2014 年 8 月，马库斯成为脸书公司创立短短两年半的时间里加入公司的第四位超乎常人的创建者，另外三位是照片墙的凯文·斯特罗姆、网络信使的简·库姆和傲库路思的布伦丹·艾瑞比。

事实证明这是一个很好的决策，因为脸书信使独立出去之后获利颇丰。2014 年 11 月，其月活跃用户数增长至 5 亿，次年年底增长至 8 亿，2016 年 7 月，增长至 10 亿，这让脸书在未来即时通信软件生死攸关的竞争中，不只通过一个平台为10亿多用户提供服务，而是两个。

有时，看着脸书的"马厩"里有两匹好马，不禁让人心生疑问：扎克伯格真需要这两个产品吗？除了这两个应用程序在同一个重要领域起到了双保险的作用之外，这样做还使脸书公司拥有战略灵活性，即让脸书信使在即时通信软件领域发挥探路作用，而让网络信使继续专注于用户增长。至2015年年底，两者在部分互联网大国的同类产品中占据了领先地位，这更证明了它们是相辅相成的。如表13-1所示，网络信使在拉丁美洲和非洲占主导地位，但脸书信使在美国独占鳌头。在欧洲和亚洲国家，二者平分秋色。迄今为止，脸书公司还没有拿下的市场只有俄罗斯、中国、日本和韩国。

表13-1 世界各地领先的即时通信软件

	网络信使第一	脸书信使第一	二者皆非第一
美国和加拿大	加拿大	美国	
拉丁美洲	巴西 墨西哥 阿根廷		
欧洲	德国 土耳其 西班牙 意大利	英国 法国	俄罗斯 （Skype是冠军）
非洲	尼日利亚 埃及		
亚洲和太平洋地区	印度 印度尼西亚	菲律宾 越南 泰国 澳大利亚	中国（QQ，微信是冠军） 日本（连我是冠军） 韩国（卡考说说是冠军）

走在更大市场的最前沿

虽然即时通信软件市场很大，但很可能还有一个更大的市场等在前面。

如果即时通信软件不只是短消息发送，会怎么样？如果在发送消息之外，我们还能很容易地把其他手机应用的功能整合进短消息里，会怎么样？比如"这是我今天早晨谈的那首歌"。如果不仅仅能给"人"发送短消息，我们还可以给"物"发送短消息，会怎么样？比如对手机说"让我看看乘船游览欧洲河流的两条最佳路线"。如果随着时间的推移，这些物变得跟人一样聪明，并为我们工作，会怎么样？比如即时通信软件给你提建议"我注意到你下周计划去奥斯汀的梅拉妮；在奥斯汀，你可能喜欢的餐厅有两家，我可以预订"。如果由人和人工智能组成的团队彼此可以交谈，并一起完成工作，会怎么样？比如"我们需要提取第二季度业绩最好的营销方案数据，并相应制订第四季度的计划"。如果像手机应用程序取代了网站一样，此类即时通信软件取代了手机应用程序，会怎么样？如果已经用了30年的图形用户界面只是权宜之计，未来要回归"原始的"自然语言界面，会怎么样？

参与短消息交互的"物"叫智能机器人程序（bot）。其最简单的功能是选取之前你在应用程序上的操作，改用在短消息平台上提出命令和发送该操作。今天，技术上已经做到了，尤其是那些基于语音界面的大型互联网公司，比如苹果公司的西瑞（Siri）（"昨晚勇士队的比分是多少"）、谷歌的即时资讯（Now）（"下面我该做什么")和亚马逊的回声(Echo)("把我最喜欢的胶囊咖啡重新排一下顺序")。

现在某些即时通信软件已经被当成了平台,如服务消费者的电报(Telegram)和即刻(Kik),服务企业用户的松弛时刻(Slack),并允许其他服务商嵌入,通过短消息界面提供现有的服务。助手(Assist)等应用程序正在开发自动机器人程序,以提供简单的服务,如叫出租车、订快餐、订餐馆和送花。大西洋传媒公司(Atlantic Media)的新数字媒体石英(Quartz)专门开发了一个应用程序,可以为用户提供类似短消息的新闻资讯。包括接线员(Operator)和魔术(Magic)在内的其他应用程序正使用由人工智能和人合力支持的短消息界面来提供服务。

要想比这些基础的智能机器人程序做得更好,就需要计算机行业再来一次大变革,即让智能机器人程序成为拥有智慧、知识、历史、预感和效率的个人助理,成为一位数字人物,集可爱的《唐顿庄园》女管家休斯太太和男管家卡森先生、詹姆斯·邦德的上司M夫人的助理莫尼彭尼女士和《白宫风云》中值得信赖的总统私人助理兰丁厄姆太太于一身。

对于那些特别擅长解读含义,并以此来理解他人和世界的人来说,完全开放和自然而然的短消息传送方式极为有效,随便你怎么说,即便句子不完整,他们也能懂。但若要让计算机来做同样的工作,那就困难重重了。然而,如果让计算机为我们工作,而不受当前界面环境的约束,比如点击、选择、滚动、输入和阅读,势必事半功倍。所以,最优秀和最聪明的人会致力于推动这些界面的演进。要做到这一点，他们需要在广泛和复杂的人工智能领域取得进展。

这意味着在这两个即时通信软件之外，扎克伯格还需要一项大型资产：一个世界级的人工智能实验室和一个运行它的偶像级人物。

幸运的是，早在 2013 年 12 月，同样是采用建立联系、阐述脸书公司的使命、展示脸书现有的增长和成功整合照片墙所表现出来的真诚等方法，他已经将人工智能先驱研究者扬·勒丘恩招至麾下。20 世纪 90 年代初，这位 55 岁的法国人在深度学习领域率先运用了所谓的卷积神经网络，从而开始了自己的传奇之路。卷积神经网络指的是利用电脑模仿人类视觉皮质等系统中的神经元网络的工作方式。对于需要将命令逐一输入并执行的机器来说，这种方式稍微有些抽象了。为了让电脑识别跟许多已知事物相似但不相同的新事物，这些已知事物已被输入计算机，并被大规模地内化，转换成了电脑更容易理解的二进制位、数字和简单计算等语言。

计算机的推理能力可能不强，但它们很擅长提取数据和计算。只要有足够的数据，它们就能慢慢构建起对这个世界的理解。若能像脸书的数据库那般庞大，拥有数万亿各种形式的信息和连接关系，那就更容易了。

拥有如此庞大的数据库，有机会在加利福尼亚、伦敦、巴黎和家乡纽约启动和领导一个研究团队，而自己还能留在纽约大学教书，这样的吸引力足以让勒丘恩加入脸书公司，成为努力让世界更开放和更互联的大师团队中的一员。

勒丘恩的研究小组取得了基本的进展，脸书的其他团队则把它们变成你我都需要的产品：

面部识别：更容易在照片上标记你的家人和朋友。
图像识别：让视力受损的人更容易访问脸书。
视频识别：有助于分类和压缩，脸书的算法的准确率很高，可以自动识别像在山间骑独轮车这样模糊的图像。
语言翻译：帮助你理解法裔加拿大朋友发布的内容。
文本分析：理解连同照片和视频一起发布的状态更新的内容、情感和意义，有助于动态消息的算法选择与你最相关的内容。

借由计算性能的不断改进和成本的降低，再加上脸书基础架构团队有能力将它们改造成生产能力强大的数字工厂，"有监督学习"这个最常见的机器智能方式正在步入成熟阶段。计算机识别语言、图像和视频的规模和速度让计算机识别成了司空见惯的事情。

因此，我们得以继续探讨更为复杂的问题：意义、推理、规划、预测和记忆，这是无监督学习的领域。对于人类来说，这种能力是自然而然的，确切地说，是与生俱来的，但对于计算机来说，就比较困难，因为这涉及对物物之间关系的不断观察和理解，以及大量记忆和理解的存储和不断演化。

有监督学习和无监督学习之间的差别就像理解一幅画和理解一个人之间的不同。

说得更抽象一点，脸书的计算能力是它的大脑，而所有用户就是它的感官，它致力于理解整个世界和每一个个体。常识，对人来说是稀松平常的事情，却是计算机要攀爬的高峰。

2017年，在我们看来，实现这一切似乎还是难以置信的，但只不过就在10年前，我们每个人的口袋里都装进了一块小屏幕，它能连接我们关心的每个人和每件事，而且是随时随地，这同样也是不可思议的。

若你把脸书公司2016年时所有最先进的资产放在一起，包括2015年1月收购的语音识别公司wit.ai，你就会看到有一个比手机版的美国在线即时通（AOL Instant Messenger）更大的产品已经初露端倪，这就是脸书M。脸书M是一个虚拟助手，使用短消息界面，并由人工智能支持，而这个人工智能由真人在背后当训练师，这在将今日能力转化成明日能力的道路上迈出了重要的一步。脸书M的人工智能既不全靠人，因为技术人员永远抵不过10亿用户，也不全靠计算机，因为计算机无法始终聪明到处理好用户的所有要求。它首先会尽力对你的要求进行粗加工，由其训练师监督其工作，并就如何处理你的要求做出最后决定，同时，通过人工智能进行观察和学习。这就好比计算机的训练日。服务人数越多，服务质量越糟，这是呼叫中心存在的问题，但脸书M和呼叫中心不同，它服务的人数越多，反而越聪明。

脸书M的最终目标远非问问西瑞天气状况如何。它要利用在语言理解、愿景、预测和规划方面取得的进步，创造一个基于信使平台的数字个人助理，处理好我们每个人的事情，这样，我们就可以花更多的时间做计算机无法为我们做的事情：成为人。

未来趋势——会话式界面

让我们期待这样一种未来的可能性：即时通信软件成为新的浏览器（或商店），而网络机器人程序成为新的网站（或应用程序），我们岂不是在易用性上后退了三步，回到图形用户界面（GUI）出现之前晦涩难懂的"命令行"时代了吗？难道苹果公司的西瑞没有被大量采用，不正表明即使我们在技术上能做到，但主观上还不想做吗？难道不是图形用户界面用我们接下来可做的有限的几件事为我们指明了方向，而不是让空输入框之后的无限可能性把我们压垮？除非这个空输入框什么都能做，否则，我怎么知道它能做什么？数字助手理解一个请求的魔力会因为无法理解下一个请求而消失吗？

为了在自图形用户界面出现以来最大的界面演化中不迷失方向，我们必须保留以前最好的东西，并吸收现在看来有可能是最好的东西，即图形用户界面和短消息界面的结合，从而得到可与他人共享的简单、往复且使用自然语言的界面，而最初由人支持的网络机器人程序会用图形、交互式对象的语境响应你正要完成的任务。从高度结构化的对话（设想那种每一步对话都可在几种玩法中选择其一的机制），到自由度逐渐增大的互动，一直到真正开放式的对话，从而让对话变得具有意义、记忆、预测和期待，摆在我们面前的这条转换之路还很漫长。

这一切都需等待由真人训练师支持的无监督机器学习有了突飞猛进的发展，决定命运的这一天终会到来，届时，我们可以停止人工辅助训练，看着像脸书M一样的智能机器人程序自己走向未来。

人与人之间要建立必要的联系，数据和理解数据的技术也要逐渐进步。在这个演进过程中，除脸书公司外，还有其他大型互联网公司，比如谷歌、亚马逊（侧重商业）和苹果（侧重娱乐业）。

未来还会出现新的企业吗？

这是肯定的。不仅是因为微信的移动商务或连我的专用商业账户已经赚了亿万美元，要知道，通过微信的移动商务可以叫出租车或购买电影票，而连我的商业账户可以用短消息直接与消费者交流。

由于有堪称"领路犬"的脸书信使嗅闻商机，网络信使得以继续关注用户的增长，并从脸书信使的发现中学有所得，现在，扎克伯格又多了两项资产，可用于为建立了连接的用户和企业创造价值了。

然而，寻找继续为用户和企业创造价值的机会可不像把脸书和照片墙的广告体验带进短消息应用程序那样简单，因为这种产品不适合一对一或小群体的短消息交流模式。

相反，它是在由用户设定上下文的环境下进行的互动交流（尽管脸书广告可以用来鼓励用户通过短消息接触企业，从而减少脸书的广告体验和短消息体验之间的差异）；

初次预约:［网络机器人程序］"你 5 月在洛杉矶有一个新会议。我可以帮你安排行程吗？"

协助:［你］"我需要一家比照片上这家更好的咖啡制造商。"

交易:［你］"为我们的小女儿订购更多的尿布，还有适合在婴儿床上玩的最好的玩具。"

服务:［网络机器人程序］"很不凑巧，丹佛的天气让你错过了转接班机，但我为你重新安排了明天上午的航班，并在万豪酒店预订了房间，在优步预订了一辆车送你到宾馆。"

支持:［你］"我的洗碗机坏了，你能派人来修吗？"

这是一个处理人们需求的新模式，它采用的完全是单一的对话式图形用户界面，而不是由网页搜索、网站、手机应用程序和电话组成的复杂系统。这跟脸书的广告产品不一样，它还需要几年的时间才能成熟，但我们正朝着"代理人"的未来前进，这个代理人比其应用程序、网站和电话支持的前期产品功能更强大，用起来更容易。

正如脸书公司在广告业务上的做法一样，随着时间的推移，它把这个产品扩展到经济网络的每家企业和能上网的每个人，他们都将普遍使用这种智能的短信息发送工具，从大型航空公司到小型面包店，从纽约的商务精英到印尼的渔民。这个产品将最了解用户，最了解企业，并提供最好的人工智能服务，以辅助企业与用户之间的互动。

它将是网络版的莫尼彭尼女士。

第 14 章

连接下一个 10 亿用户
——给用户带去希望

设想你向董事会说出以下这番话：

我知道我们的股价仍低于发行价 25%，并且在成熟市场上，广告创收几乎不可能再次加速。但我想启动一项计划，每年花数亿美元，多长时间不确定，在该领域我们也缺少实战经验，但这么做为的是能够开发新的技术。尽管失败的风险很高，倘若我们成功了，会把这项技术的大部分交给某些在此技术领域最难合作的电信运营商，我们对其文化和运营情况了解最少，很可能很多年没有让人满意的回报，甚至最好的情况，也只能积累一些最无利可图的潜在客户，其贡献度还不到美国用户的 1/10。

这是扎克伯格在 2013 年年初向董事会提出的建议的基本内容，因为他打算借助新的硬件、软件、服务和合作伙伴将世界的其他地区连接起来。

这不啻一种唐吉诃德式的承诺，在大多数首席执行官和董事会的受托责任中，这些都是"不必做"的事。

幸运的是，扎克伯格在股权结构上可以掌控其董事会，也就不用求董事会成员投票通过了，更何况他们都是些具有颠覆性思维和前瞻性的领导人，他们也渴望他提出那种确实能改变世界的动议。所以，这个被称作 internet.org 的计划得以实施。

那年春天，他在公司内部清晰地阐释了自己的愿景。2012 年 12 月圣诞假期期间，该计划还没有做过很详细的分析，以至最终方案出台以后，某些数字和前期差了 10 倍，不过问题不是太大。2012 年 10 月，所有人都在庆祝"天哪，它竟然有了 10 亿用户"。享受完那一刻之后，脸书公司有可能会松一口气，事实证明，这个计划很巧妙地让公司开阔了眼界，防止了士气低落懈怠。把所有人连接在一起比仅仅连接 10 亿用户这个目标更大，也更有价值。不管这个计划看起来多么不可能，他说服了整个公司，让他们相信世界上规模最大的服务才刚刚开始。

在进一步观察他如何努力实现这个目标之前，让我们先退一步来观察。

为什么要连接全世界？

连接全球跟和平、饥饿、贫困、医疗保障、教育等难题一样，是同一类型的挑战，很明显，它们非常重要，却也非常复杂，它们在全球各地都存在，以至在普通人看来，它们极其抽象。面对这些难题，大多数人只能表示支持，之后就只能皱起眉头。这些问题涉及的范围太广，个人明显难以提出有效的解决方案。

你可能会争辩说连接全球其实是自成一派的挑战。它有与其自身不成比例的影响力，即便是大致地解决，也会有助于解决上文提到的其他挑战。教育和医疗保障问题会因上网获得信息而受益。在世界日渐成为地球村的情况下，通过教育和让更多人接入数字化的工作和贸易网络，反而能够消除贫困。而消除了贫困，饥饿的难题就会不攻自破。尽管和平是典型的挑战，但作为人类，我们必须相信，在一个更加开放和互联的世界里，和平至少可以前进一步。

让人"成为网民"并能持续在线涉及一系列的成本和复杂的网络传输，包括你手中的手机和无线天线基础设施（或基站），它们会在你周围的世界里密集交织（WiFi基站的辐射半径为数百英尺，3G和4G手机基站的辐射半径为几英里，仅在美国，就有30多万个这样的蜂窝基站，累计资本支出超过4 600亿美元，更不必说每年的营运开支，过去30年，美国在这方面的总投资可能已经超过了万亿美元），还有连接无线基础设施（或回程网络）的陆基接点（这些建设通常占用了本地网络供应商的大部分投资），不断地将在小支流与较大的互联网接点和路由器（或互联网交换点）之间来回传送的数据传送到互联网的主干线路，这些主干线横跨国家和海洋，通过纤细到不可思议的光纤同时传输数万亿单位的信息。

正是这些成本和复杂的系统导致世界各地能上网的人和不能上网的人之间相差了10倍：荷兰、丹麦和挪威等最发达国家的网络普及率超过95%，但在人口共计9亿的几个最不发达的国家，能上网的人还不到10%。

截至2015年，全世界约有40亿人未能连接到互联网，南亚的普及率最低（只占14亿人的17%），另外一个普及率较低的地区是撒哈拉以南的非洲地区（只占8亿人的19%）。在这一人群中，有14亿人拥有手机，但他们却没有流量数据包服务，他们是最有可能冲击这一挑战的人。另外还有26亿人没有手机，11亿人甚至用不上电，他们最容易被隔离在互联网之外（见图14-1）。

受这种互联互通挑战的影响，有两个特殊的群体会在不同程度上处于不利的地位：

农民：农村网络站点的安装和管理成本是城市站点的2至3倍（主要是因为回程线路通常是地下电缆，费用增加了10倍，但这是为了满足与网络核心设备来回传输数据的需要），并且人口密度较低，用户的收入较低。毫不奇怪，最难连接互联网的人，却是最需要这种连接的人。

妇女：在印度和撒哈拉以南的非洲地区，女性上网的比例比男性少了70%。当前，全球男女人均收入相差两倍，世界上2/3的成年文盲为女性。女性网民比例太低无助于弥合这种收入差距，也消除不了令人担忧的男女不平等的现实。

网络连接的挑战是一个恶性循环：如果你无法上网，就难以增加收入，但若不能增加收入，就难以上网。

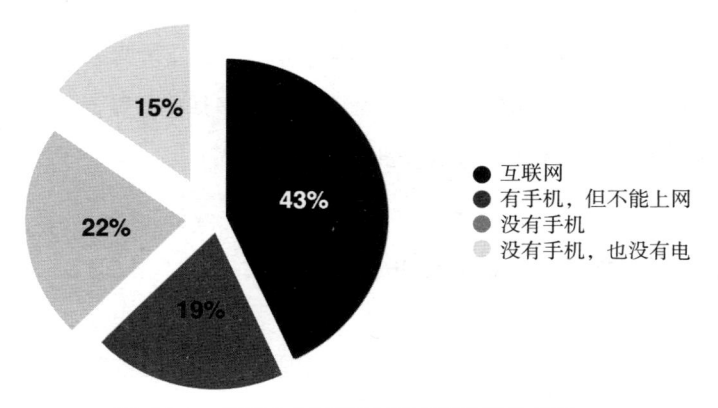

- 互联网 43%
- 有手机，但不能上网 19%
- 没有手机 22%
- 没有手机，也没有电 15%

图14-1 世界人口享有的网络基础设施状况

通常，在投资和提供资源的方式上，企业更注重长期利益，为此不惜冒很大的风险。在对待风险和收益的态度上，企业会冒险追求长期发展的机会，而政府不愿意承担风险，因此考虑的周期也不会太长，若将这些因素组成一个奇怪的组合，或许能打破这种僵局。政府很少有办法采取重大举措，在需求最为迫切的国家尤其如此，像思科和爱立信这样的全球电信设备供应商的资金实力已经大不如前，无法在早期和无利可图的时候深度参与，让那些人数众多而需求量太小的用户使用互联网；而且，没有哪家电信运营商足够国际化，可以对其本土市场以外的挑战施加影响，即便它们愿意那样做，也是心有余而力不足（尽管本地电信运营商之间的竞争对以相对实惠的价格连接互联网至关重要，如我们在肯尼亚看到的那样，三大运营商之间的竞争使21%的人口能够消费得起每月500兆的流量数据包，而在只有一家运营商的埃塞俄比亚，几乎没有人能享用这样的流量数据包）。

若要把有能力也有意愿为应对此挑战贡献力量的国际公司拉个名单，这个名单很短，只有谷歌公司和脸书公司两家。尽管苹果公司拥有2 000多亿美元的现金，而且可能是让世界更互联的主要受益者，但它看上去却毫无动作。

用扎克伯格的方式解决问题

乍看之下，扩大互联网的覆盖范围这项艰巨任务若要取得进展，面临的经济、文化、社会、政治、教育、技术和商业问题似乎大到能把人压垮，仔细考虑也是如此。但俗话说得好，一口一口才能吃掉大象，完成宏大任务的方法也是如此，一旦这项宏伟的事业成为扎克伯格和脸书的使命，他便如法炮制，将它合理地分解成了三个部分。

（1）**有效性**。超过 10 亿人的生活完全没有被今天的移动通信网络覆盖，这主要是由于缺乏经济上的吸引力，为这些人口提供互联互通服务不划算，即成本高于平均水平，而预期收益又低于平均水平。如第 5 章所述，在麻省理工学院博士雅艾尔·马圭尔的领导下，脸书公司的互联互通实验室大胆探索，他们发射卫星（覆盖人口稀疏的地区），制造带有激光装置的高空无人机（服务人口密度高的地区），并为城市地面无线技术发明了效率高 10 倍的设备。

对脸书公司来说，每次都要承担高成本的开发风险，然后再将开发出来的技术送给本地基础设施供应商，或采取发放许可证的方式，供他们解决不能连接互联网或服务不足的问题，从而获得较高的投资收益。2G 无线基础设施已经成为历史遗产，妨碍人们接入现代的互联网，现在已经没有供它用的基础设施了。

（2）**负担得起**。这对另外 10 亿人会有影响，能让人消费得起的互联网与手机关系不大，而与数据的成本更相关。由于规模效益，谷歌安卓系统的智能手机不需要电信运营商补贴，零售价就可以低于 50 美元。而从数据成本看，即使是基本的流量数据包，其数据成本也是手机成本的 2 至 3 倍。脸书公司送了电信运营商两份礼物：节省流量的脸书版本和成本更低的数据传输；我们已经看到适应低带宽的脸书精简版已成为脸书公司最快达到1亿用户的产品,而降低数据传输成本正是脸书公司领导的开源电信基础设施计划要做的事。

以换取数据的费用占收入的比例看,发展中国家的用户愿意花的钱是发达国家用户的两倍(分别是平均3.8%和1.8%,差距比较大的是尼日利亚的7%和英国的1%),基础设施的成本降低和运营商之间的竞争是满足人们实现更广泛连接所必需的。

如果这一切形成合力,就可以取得进展。2014年,全球收入增加了7%,数据成本降低了12%,这使全球消费得起每月500兆流量数据包的人数增加了5亿。

(3)**意识和相关性**。谁会想到连接挑战最大的难点之一却与技术和经济状况无关?对每天通过手机上网100多次的人来说,这是难以想象的,但据对拉丁美洲、亚太地区和非洲11个国家15至64岁的4.2万人调查发现,85%不能上网的人不知道什么是互联网,甚至有一半人从来没听说过这个词。

据脸书公司估计,在世界上40亿不能上网的人中,半数人对互联网没有概念,也没有觉得互联网跟自己有什么关系,这成为他们连接互联网的一大障碍,因此,需要提升他们的互联网意识和相关性。扎克伯格的计划是通过简化版的脸书应用程序,提供符合当地利益、文化和满足当地用户需求的其他基本服务,如医疗、教育和就业信息,为上网体验提供一个简单而免费的入口,这些信息由当地电信运营商发布,并与一个称为"免费基础网络"的应用程序捆绑在一起,免费提供给当地没有流量数据包的手机用户。在脸书产品研发合作伙伴和耶鲁篮球队前队长伊姆·阿奇邦的领导下，在 2010 年 5 月由选定的电信运营商推出的 0.Facebook.com 的服务支持下，2014 年 7 月，脸书公司在赞比亚推出了免费基础网络服务。2016 年 4 月，脸书公司开始为中东、非洲、亚太地区和拉丁美洲 37 个国家的 2 500 万人提供登录脸书的服务和其他 500 项服务。在接下来的一个月里，半数使用免费基础网络服务的人交钱用上了互联网。

或许只有一件事情比巨大的意识落差更令人惊讶，那就是这个在解决互联互通难题方面似乎不至那么难的问题竟然成了脸书公司在初期碰上的最大的绊脚石。

数字殖民主义？

你可能认为只要是免费的东西就会很容易扩散开来。其实未必。

对于不能上网的人来说，免费基础网络服务似乎只有好处，但它一开始就被人百般挑剔，然后又遭受抨击，若要理解它为什么会落得如此境地，就需要在两个复杂而相关的问题上稍微了解一下背景：网络中立性和数字殖民主义。

网络中立性指不允许电信运营商对互联网上的任何服务限制流量、差别定价或阻止访问的原则。网络中立性的主要任务是防止运营商利用对用户重要的服务剥削用户。你不希望威瑞森因为你使用脸书而加倍收取你正常的流量费，或康卡斯特因为你使用谷歌搜索而收取额外费用。反过来看，网络中立性也意味着防止运营商通过收取较低的流量费而让某些服务处于优势地位。正是网络中立性的这两个特点开始引起倡议团体和某些政府的注意，它们注意到了所谓零收费的"免费基础网络服务"，虽然是可选的服务，而且仅占互联网的一小部分，它却被认为存在误导性，而这个应用程序最初叫 internet.org，免费供人使用。

殖民主义是一个领土上的人将控制权扩展至另一个领土，从而掌控那个领土上可能较弱的人，这种模式最常与16世纪至20世纪中叶欧洲的过度扩张联系在一起，全球互联互通的到来让人们开始担心殖民主义会不会以数字的形式重现。不管是意外收获，还是有意设计，一家技术公司会通过向世界的某个特定地区提供至关重要的技术，久而久之，达到削弱或控制那些人的选择和影响力的效果吗？互联网接入会不完整，会滥用个人信息吗？科技公司会在"第一个免费"之后进行经济占据吗，会牟取暴利吗？

在推广其基于用户信息的商业服务时，大型跨国公司会提供与这些商业服务相关的赠品，这会让人想到与大型跨国公司相伴而生的数字殖民主义，如果这让人们对网络中立性的顾虑越来越强烈，那么，不管这些公司的动机如何值得赞赏，人们都会产生成见。

2015年5月，在一封谴责脸书公司的公开信中，来自31个国家的65个倡议团体表达了这种疑虑。鉴于脸书在"在阿拉伯之春"运动中起到了推波助澜的作用，5年后，包括埃及在内的几个国家关闭了免费基础网络服务。

然而，脸书公司开展了一次游说活动，想要获得在印度推行免费基础网络服务的许可，对于近10亿无法上网的印度人来说，这是获取互联网服务、满足上网需求的一次最大的机会。但这次游说却遭遇了尴尬，1 000多万印度脸书用户纷纷发表评论，接着，在2016年1月，针对脸书公司的游说活动，印度电信管理局（TRAI）做出了反应，没有什么批评比这更令人难堪的了，或者说对人们的看法和现实情况影响更大的了。印度电信管理局指责脸书公司"将本来可以通过透明的方式做出明智决定的有意义的协商活动降格成了一种粗略地由多数人决定和精心策划的民意调查"，暗示这会"让印度在政策的制定上产生有危害的意见分歧"，并对脸书"自命代表那些通过脸书将意见发送给印度电信管理局的用户的代言人"表达关切。毫不奇怪，监管机构在第二个月就叫停了免费基础网络服务，这无疑是对推动互联互通的所有努力和扎克伯格本人的一次沉重打击。想当初，扎克伯格在《印度时报》上还发表过专栏文章，与印度总理纳伦德拉·莫迪的关系似乎也不错。

颁布免费基础网络服务禁令的次日，互联网的拓荒者、脸书公司董事会成员马克·安德森站了出来，认为这种数字殖民主义的恐惧是有道理的，硅谷确实存在数字殖民主义倾向。印度人对殖民主义的恐惧源于印度与东印度公司打交道的经验，东印度公司一度控制了全球一半的贸易，它组建私家军，承担行政职能，开启了大英帝国在印度的统治。马克·安德森在推特上发文回应该禁令时说："反殖民主义为印度人民带来了数十年的经济灾难。为什么现在会停止呢？"扎克伯格极不赞成该评论，第二天，他说这个评论"让人深感不安，完全不能代表脸书或我的想法"，并且"我们需要了解过去，才能塑造未来……我期待着与该国加强联系"。

显然，使不能上网的人接入互联网是一个复杂的问题，因为一方面，扎克伯格受到了股东的怀疑，他们担心这样做没什么钱可赚；另一方面，用户也中伤他，认为此举纯粹是受利益的驱使。

不提供所有服务，也不向所有人提供服务，只免费提供能够提供的服务，类似数字化的小型诊所和图书馆（这个比喻a16z公司的合伙人和微软前总裁史蒂文·辛诺夫斯基首先提出的），这样做难道不是比让穷人和没法上网的人一直也上不了网更好吗？更何况，在网上讨论这个话题时，那些穷人和不上网的人根本无法在网络上发声。会不会因为不了解复杂的当地文化、语言和历史背景，硅谷的这些人把解决互联互通的难题这件事想得太简单了？难道真的如记者戴维·柯克帕特里克所说，仅仅是因为"反公司、反美国、反贫穷"才推迟了免费基础网络服务的吗？

前进之路

不管对免费基础网络服务的争议看上去有多激烈，脸书公司都不会停止连接全球的进程（据《华盛顿邮报》2016年10月的报道，脸书公司不只是跟发展中国家合作，它还跟美国政府合作，为低收入和生活在农村的美国人提供免费的基础网络服务）。至少有两个可行的解决方案摆在脸书公司面前。

第一是将免费基础网络服务的管理权交给中立机构，甚至可以是政府的监管机构。人们对免费基础网络服务还是心存很大顾虑的，担忧之一是认为这项计划控制在脸书公司手中，它会以不透明或与大众观点直接冲突的方式设置接入网关。若把它的管理权交出去，既符合人们对于开放平台的看法，又符合现有的技术水平，即免费基础网络服务是一个开放的平台，拥有已发布的应用程序界面和用户参与准则。脸书公司将继续通过其开发的技术促进这一计划，电信运营商可通过将此服务提供给以前不能连接互联网的用户，进而尽最大可能促使这些用户发展成付费购买流量数据包的用户，地方政府和大众也会安心，因为互联网的入口不掌控在某个日后可能会强行收费但人们又不愿意向他付钱的人手中。

第二是脸书公司完全摒弃免费基础网络服务，专注于提供无筛选且免费的脸书精简版服务，虽然这样做可能很受限，却可以让运营商觉得经济上划算，同时还可让以前不能上网的人增进对互联网的了解，意识到互联网的价值。还可以采用新的收费方式，即按小时或天收费，或者在互联网利用率低的时段限时免费，这样既可以让运营商以较低的风险让用户知道它们的存在，同时又可以让在贫困线上下挣扎求生的人从紧张的生活费中挤出一点钱，尝试着接触互联网。记者、企业家和SaveTheInternet.in（在数字领域保护公民自由的非政府组织）的联合创始人尼基尔·帕瓦在《印度时报》的撰文，或许最能代表人们是如何看待这种方式的："用户愿意权衡的是他们能使用多少互联网服务，而不是有多少互联网服务供他们使用。"

无论哪种方式，脸书公司都会继续专注于做费力不赚钱的事，继续开发硬件和软件，从卫星和无人机到专注于有效利用稀缺带宽的网络架构和服务，如脸书精简版，这样做的目的是表明更大的规模和较低的成本是可以兼得的，然后，脸书公司会继续与有本地经验并追求长期商业利益的运营商合作，或把技术免费送给它们，这些技术就可以在服务下一个10亿用户的过程中大有作为了。

脸书努力连接不能上网的人的付出只是脸书方式也就是扎克伯格方式的又一个例子：并不是所有的事情一开始就行得通，或是有最佳的解决办法，但边做边调整好过守株待兔。扎克伯格和他的团队足够谦逊，既不会因为失败而迟疑不前，也不会在碰壁之后抗拒改变他们的方法。这是脸书知道的唯一方法，正是这个方法让它取得了今天的成绩。现在，它不会停下脚步。

第 15 章

打造下一块屏幕
——用虚拟现实和增强现实技术
　让10亿用户享受身临其境的感觉

2014 年 3 月 25 日，我正要走过脸书的办公室，一位朋友吃惊地读到了脸书以 20 亿美元收购傲库路思的公告，傲库路思可是一家鲜为人知的虚拟现实头盔显示器制造商，这位朋友叫住我，把这个消息读给我听。

我承认，我喜欢浏览时下科技新闻的报道，因此知道傲库路思众筹的独立开发项目。项目要把屏幕和头部跟踪传感器放进用布基胶带缠得严严实实且看上去十分沉重的滑雪护目镜中，再通过一根脐带一样的精密线路从护目镜后部连接到一台功率增强了的、闪闪发光的、迷你冰箱大小的电脑上，就像街头赛车手把他们打好蜡的日本造的改装车藏在自家的车库里一样，沉迷于电脑游戏的人愿意把这种电脑放在自己的桌子底下。

然而，仅仅一个月前，脸书刚以 190 亿美元收购了网络信使，那可是脸书的第 40 次收购，那一刻，我怀疑我的朋友给我读的可能是专写讽刺性新闻的网站《洋葱报》嘲笑脸书接连不断的收购的头版头条新闻。

傲库路思的虚拟现实技术与脸书公司契合吗？

这条收购消息对外发布没多久，扎克伯格在脸书上通过自问自答的方式解答了这个问题：

下一个能提供更有用、更有趣和更个性化体验的平台会是哪个？

……

傲库路思的使命是让你体验不可能的事。它的技术开辟了体验的全新可能。

……

想象一下，只是在家里戴上护目镜，就能享受球场边观赛的体验，跟世界各地的学生和老师在同一间教室里学习，或者与医生面对面交流。

……

总有一天，我们相信这种身临其境的增强现实的技术将成为亿万人日常生活的一部分。

情况慢慢清楚了，这种事居然疯狂到能行得通。但是，为了相信这一点，你必须向后退，退到很远的地方再看。

大约70年的计算机发展史表明，没有哪个平台或界面能永远保持某种特定的状态。20世纪50年代和60年代，房间大小的大型计算机被70年代柜子大小的微型计算机取；到了80年代和90年代，它又被台式机和笔记本电脑取代；到了21世纪初，它们又被智能手机取代，这是有史以来规模最大和速度最快的颠覆。

尽管很长一段时间以来这种颠覆模式被非常详尽地记录了下来，它还是让时代的领导者们感到了意外。从图15-1可以看出，在特定平台"少不更事"之时就对它的将来展开狂想确实是一件难事：2004年，个人电脑行业对个人电脑（上虚线）和智能手机（下虚线）未来10年的销售进行了预测，仅仅过了6年，它就被完全颠覆了。

扎克伯格对这个教训非常重视。不管手机的出现对脸书用户参与度的全球领先地位多么至关重要，不管扎克伯格在公司内部下了多大决心推动手机应用程序的开发（众人皆知扎克伯格的那句话——如果你不能先让我看到一张你的产品的手机截图，我就宣布散会），他都无法想当然地认为现在的手机在 5 至 10 年后仍是主流媒体。

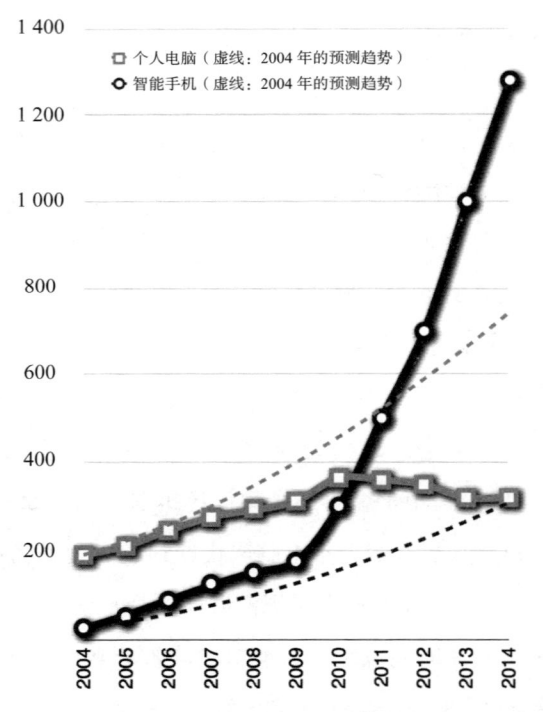

图 15-1 个人电脑和智能手机的全球销售量（百万）

对于警醒的首席执行官来说，未雨绸缪、预测未来是随时随地的事，或许唯一比手机更好的产品是虚拟现实及其更有可能在全球取得成功的"表弟"——增强现实提供的"身临其境"的体验。

虚拟现实和增强现实为何对用户和脸书如此重要？

我们开始说说傲库路思那一帮马上让这一切成为可能的杂牌军吧。他们中有你预期会有的 23 岁的大学辍学生、你想不到的 59 岁中途辍学的博士和一个受人尊敬的游戏奇才，还有就是一群老皮克斯动画工作室的人组成的新皮克斯人。他们中的一些人等了 25 年多才看到有些技术赶上了他们的想象，比如《星际迷航》中的全息甲板、尼尔·斯蒂芬森的科幻小说《雪崩》、《黑客帝国》中的墨菲斯及尼欧和恩斯特·克莱恩的科幻小说《玩家一号》提及的技术。

首先，我们要弄清楚：为什么虚拟现实和增强现实这么重要？

如果你拥有可以追踪头部运动的技术，从两个略微水平分离的模拟眼睛的视点以每秒 60 至 90 次的速率重新计算对应该新位置的视图，并将两个结果显示在距离眼睛仅几英寸[①]的高分辨率屏幕上，而你的眼睛被封闭在一个头盔显示器中，如此一来，你就只能看到显示屏上的内容，其他的什么也看不到。如果能在 20 到 30 毫秒内做到这一切，你就可以愚弄人的视觉和大脑，让它们相信自己置身于另外一个地方，而且很可能与其他人在一起。这种感觉就是所谓的"身临其境"。

因此，现实只不过是你的大脑认为的那样。

---

① 1 英寸=2.54 厘米。——编者注

一旦把通过虚拟现实让人相信幻境的技术扩展开来，你就可以开发出让人在不可能的地方拥有神奇力量的游戏。你就可以观看你的朋友在意大利度假时拍摄的 3D 立体视频美景；你就可以像坐在球场边一样观看一场美职篮的比赛；即使住在半个地球之外的一个小镇上，你也可以坐在大学教室的前排聆听世界级专家的讲课；你可以走进电影里，而不只是观看；即使实际上没有去过难民营，你体验到的难民营条件也足以让你产生改变人生的同情心；就像用视频表现战争一样，比如新闻纪录片（第二次世界大战），或电视广播（越南战争）和枪式摄像机（沙漠风暴），或许可以让虚拟现实成为人类所遭受痛苦和不平等的表达媒介；可以与成千上万英里外的人交谈和共事，就像他们与你在同一个房间一样；可以把初中教室放回到中世纪，它的逼真程度，你只有在阅读迈克尔·克莱顿的畅销科幻小说时才能想象到；可以用来训练运动员、医生、飞行员和士兵，不但感受更真实，而且更安全；甚至可以用于暴露疗法，帮助我们中大多数人战胜各种恐惧，免受折磨。

在令人兴奋的程度上，另外一项技术比虚拟现实稍逊一筹，但从长远来看，也许用处更大，那就是增强现实。在技术要求上，增强现实与虚拟现实有很多共同之处，但它会把可视信息叠加进你现有的世界，而不是完全取代现实世界。增强现实一般采用眼镜的形式，可视信息会投射到透明的镜片上，可以简单到在眼镜的某个角落显示的短消息文本，或是复杂到与你视野中的某物或某人相关的信息，随着视野的改变，可视信息会不断地重新投射，以便与你实际视野中的定位相匹配。

一旦能将生成的图像与现实世界结合起来，你便可以直接把导航图像放到你面前的道路上，导航本就该如此，为驾驶和行走导航；可以对体育赛事直播、音乐会、戏剧作品和博物馆展品中的人和事进行虚拟评说；可以实时翻译你看到和听到的内容；可以与你远在明尼阿波利斯的朋友在你面前空无一物的桌子上玩一局《卡坦岛》游戏，或玩一场《星球大战》那样的全息异兽战棋游戏；可以把你在电视上看到的东西延伸到你家的房间里；可以使你在你桌子上的6个虚拟显示屏上工作，而不是在笔记本电脑13英寸的屏幕上；或者在虚拟的120英寸的电视上播放网飞的节目，而不是在45英寸壁挂式真实电视机上观看。

虚拟现实和增强现实不仅仅是下一代的屏幕，它们还是第一个没有边缘的全面屏，而且，因为能够模拟其他所有的屏幕，它们将成为我们的终极屏幕。如果你未曾体验过，刚才说的这些听起来就是不可能的，甚至是荒唐的，但虚拟现实和增强现实是人类媒体几千年进步史上向前迈出的又一步：从语言到排版，从图片到视频，再到体验。

这就是它们对脸书很重要的原因所在，即作为不断履行"让世界更开放和更互联"使命的一种手段。而且它们能做到更发自内心的连接，带来更深入内心的同理心，以及实现更完整的传送。

然而，这还不是全部。虽然虚拟现实和增强现实为用户体验创造的可能性远非将你的脸书动态消息显示在你的眼镜上，对于扎克伯格而言，它之所以重要，还有另外一个原因，那就是战略保护。虚拟现实和增强现实能防止脸书公司在未来 5 至 10 年内发生的媒体转变中被颠覆，在复杂的技术世界里，这种转变在脸书公司的任一环节都可能发生。

在脸书的下游竞争对手中，最重要的是运行服务需要的操作系统，特别是苹果公司的 iOS 系统和谷歌的安卓系统。这些操作系统让应用程序的开发者处于一种受控环境中，只有通过苹果公司和谷歌公司的审批流程才可接入二者的应用商店，即便在今天，这些操作系统仍在施加很大的控制力，这正是最让扎克伯格在战略上感到忧虑的地方。幸好，目前的情况是如若交战，必将玉石俱焚，因此，这两个操作系统都不会设置战略瓶颈来阻碍脸书的开发，要知道，脸书可是它们的用户用得最多的应用程序。然而，如果形势变了，媒体转变成如虚拟现实和增强现实这样的新媒体，或媒体进化了，苹果公司或谷歌公司就有机会阻挡脸书公司的进化，或媒体让脸书公司处于劣势，若如此，局面很快就会急转直下。

脸书的同类竞争者是出现另外一个滤镜（回想一下第 4 章），它在用户与世界的连接能力上发挥着较大的作用。谷歌是脸书在此领域最大的竞争对手，如过它能用虚拟现实和增强现实技术比脸书更快地开发出一项让人感兴趣的技术，或是观察世界的方式，随着它的滤镜为世人所知，扎克伯格吸引用户注意力的控制力就会受到威胁。

而来自脸书上游的竞争将是提供未来让人感兴趣的内容和体验，特别是围绕着虚拟现实和增强现实的技术展开的内容和体验，这让人们有意愿与之连接，而脸书公司却无法实现或无法通过脸书共享的产品和服务提供这种内容或体验。用户的注意力就像水一样，用户会把不再有趣的东西视为障碍，找到方法绕过去，再奔向那些最有趣的事物。

拥有傲库路思在硬件、软件和内容方面辛勤耕耘的成果（主要指虚拟现实和增强现实技术），再加上在这个战略不确定的市场长达10年的领先优势，脸书公司获得了最好的体验、工具和讨价还价的筹码，一旦重大转变发生，它就可以相应地加以调整。

谁来领导下一个科技趋势

傲库路思虚拟现实公司是帕尔默·勒基于2011年创立的，当时他18岁，家住加利福尼亚州的长滩，在家自学成才，喜欢修理小东西和鼓捣小发明。傲库路思的虚拟现实以及人工智能是扎克伯格为脸书未来打基础而下的最重要的赌注之一。勒基修理智能手机的嗜好让他挣到了足够的钱，也给他留下了制作头盔显示器需要的各种小型电器部件，这样他就可以超越兴趣，有能力为自己制作一个头盔显示器了。他已经收集了50个头盔显示器的样品，但那都是别人制作的。

长期以来，虚拟现实头盔显示器一直受以下技术问题的困扰而无法产生身临其境的真实感：屏幕分辨率、视场角（FOV）、画面模糊而且画面连接之间持续延迟，特别是头部运动和相应的屏幕刷新之间所需的时间，专业叫法是"移动画面延迟"，当大脑感受到的运动和视觉不同步时，会让人产生不适感。然而，屏幕和传感器方面的技术在进步,《连线》杂志前编辑克里斯·安德森称此进步为"智能手机战争的和平红利"。得益于这些技术进步,勒基开始取得实质性的进展。

互联网这个虚拟的世界跟真实的市场差不多,只不过在互联网的虚拟世界中,无数的卖家兜售的是创意,因此,勒基的进步引起了人们的注意。

2012年夏天,关注这一现象的人中就有像素奇才约翰·卡马克,他被认为是20年来最重要和最有影响力的图形和游戏程序员。那时他42岁,开发过40多个游戏,包括有开创性意义的《德军总部》、《毁灭战士》和《雷神之锤》,他还开发了超过6个图形引擎,颇具开创性,其他数不清的游戏都在使用这些图形引擎。他创立了ID软件公司,他在这家游戏公司的职业生涯堪称传奇。作为知道如何将0和1转化成图像,并让你沉浸其中的一位高手,卡马克可以在ID公司的会议上让听众如醉如痴地听他讲完三个半小时的主题演讲。就连乔布斯超具魅力的主题演讲也不过两个小时左右。

根据卡马克自己的回忆,他在14岁时因盗窃电脑被捕,被送入少管所服刑1年之前,法庭要求对他进行心理鉴定,鉴定结果说他非常聪明,简直就是"除了两条腿,都是大脑"。

于是,在编程20多年,写出200万行图形代码之后,不知疲倦的卡马克在2012年六七月开始独自鼓捣虚拟现实头盔显示器也就不足为奇了。他请求勒基提供一个傲库路思Rift的样机,并立马得到了一个唯一能运行的样机。在这之后,洛杉矶在8月份快要举办电子游戏展①之前，卡马克转向了虚拟现实头盔显示器的研制。

当时，另一个转向此领域的人是游戏行业资深人士布伦丹·艾瑞比。当时他32岁，曾经做过几项工作，而且做得都很成功：他是战略游戏《文明》的用户界面程序员，后与人共同创办了一家用户界面技术公司，后来这家公司出售给了欧特克公司，再后来他当过流游戏公司的产品团队主管，2012年7月，这家公司被索尼收购，纳入其PlayStation（家用电视游戏机）事业群。

艾瑞比四处张望，以其对计算机未来视觉产品的敏锐目光，他看到了帕尔默的傲库路思Rift越烧越旺的营火。艾瑞比即刻入伙，担任首席执行官，随即发起了将要改变虚拟现实发展进程的众筹活动。

2012年8月，他们利用Kickstarter（美国知名众筹平台）发起众筹活动，此次众筹的目标是从支持者手里募集25万美元，但仅在最初的24小时内，他们就募集到了240万美元。众筹大获成功之后，他们于2013年3月发布了第一个傲库路思Rift开发套件头盔显示器DK1。约翰·卡马克也正式结束他在ID软件公司22年的职业生涯，2013年8月成为傲库路思的首席技术官。卡马克曾说过："这种体验就像宗教，一旦体验过那种感觉，就会心悦诚服。"在干过几项工作之后，他准备翻开职业生涯的新篇章。

2014年3月，在扎克伯格家中两个人单独谈话时，艾瑞比与

---

① Electronic Entertainment Expo/Exposition 简称E3，即"电子游戏展"。——译者注

扎克伯格达成协议，同意脸书公司以 20 亿美元收购傲库路思，这一幕就像扎克伯格跟凯文·斯特罗姆商谈收购照片墙和跟简·库姆商谈收购网络信使一模一样。

短短几天之后，随着在电脑绘图和虚拟现实方面富有经验的迈克尔·阿卜拉什的加入并担任首席科学家，傲库路思宣布其技术团队补齐了最后一块拼图。阿卜拉什是一位受人尊敬的程序员，当时 57 岁，曾在微软的操作系统、自然语言处理（NLP）研究和 XBOX（微软开发的家用电视游戏机）等部门工作过，也曾在 ID 软件公司（与卡马克共事）、RAD（游戏工具开发商）、英特尔和维尔福软件公司任过职。更重要的是，他也是人类感知系统专家和虚拟现实哲学家。阿卜拉什常说一些很有诗意的话，比如，"如果互联网是起点，那么，虚拟现实就是终点"。

拥有勒基、卡马克和阿卜拉什之后，傲库路思虚拟现实公司拥有了世界上最多最好的像素推手[①]，但他们并没有止步于此。为确保傲库路思的像素引领者地位，2014 年 8 月，他们组建了傲库路思影视工作室，将实验室和制作工作室合为一体，旨在发现和与业界公开分享如何将各种媒体推向机会丰富但探索不足的虚拟现实和增强现实领域。

傲库路思影视工作室就是一个虚拟现实界的皮克斯动画工作室。确切地说，它由许多皮克斯的前雇员组成，并且由他们担任负责人。

[①] 用计算机绘图的人需要在屏幕上移动像素点，以制作 3D 图像，好比"推"着像素到处去一样，因此称他们是"像素推手"。——译者注

傲库路思影视工作室的创意总监萨什卡·昂塞尔德在皮克斯工作了 6 年，曾执导短片《蓝雨伞之恋》；技术总监马克斯·普朗克在皮克斯工作了 10 年，参与过 6 部动画片的制作；导演拉米罗·洛佩斯·多在皮克斯工作了 5 年，参与过 3 部电影的制作。总之，到 2016 春季，傲库路思影视工作室的 30 名员工有 1/3 有在皮克斯的工作背景。他们第一个虚拟现实"影片"三部曲是《迷失》《亨利》《亲爱的安杰莉卡》，分别讲述了这样的故事：一只被丢失的机器人手寻找原来所属的身体，一只喜欢拥抱和气球却很孤独的刺猬，以及一个女儿重温对已故母亲的思念，它们都是令人印象深刻的立体影像。

在帕尔默·勒基制作出第一个样机近 5 年之后，2016 年 3 月，傲库路思虚拟现实公司推出了第一个消费者可用的虚拟头盔显示器CV1，所有努力在这时达到了高潮。第二代产品或于 2019 年推出。

如何让用户为新技术买单？

虚拟现实和增强现实魔力强大，目前的推广活动并非该行业初试身手。虚拟现实头盔显示器的第一次尝试始于 20 世纪 60 年代末计算机制图的先锋人物伊万·萨瑟兰，20 世纪 80 年代中期由杰伦·拉尼尔及其公司 VPL 研究中心复兴，并称其头盔显示器为"眼睛电话"（真的，不开玩笑）。像蒂莫西·利里这样重要的文化人物也参与了这项技术的研发，只不过那时的技术还不足以让你的大脑真正相信一个替代的现实。

但是，到 2016 年，我们终于利用虚拟现实和增强现实技术做出了消费者可用的产品，而脸书公司肯定不是唯一的淘金者。

世界上最大的 6 家消费科技公司纷纷投下巨资，狂热地开发这两项技术，使虚拟现实和增强现实技术达到了容不得失败的程度。

傲库路思 Rift、三星 Gear VR（由傲库路思提供技术支持）、谷歌的硬纸板（Cardboard）和谷歌对 Magic Leap（美国知名增强现实公司）的投资，甚至还有谷歌眼镜的卷土重来，索尼 PlayStation 虚拟现实和微软的全息眼镜（HoloLens）已经公开亮相，鉴于不断看到苹果公司招聘虚拟现实和增强现实人才的报道，而且其首席执行官蒂姆·库克声明，"虚拟现实和增强现实技术不再是一个小众的应用"，人们推测苹果公司最终也会加入这场角逐。

虽然已经有几款迄今为止最好的虚拟现实产品在 2016 年问世了，包括傲库路思 Rift、宏达电子公司的 HTC Vive 和 PlayStation 虚拟现实产品，但这一代产品的硬件不方便携带，而且要跟电脑或游戏机相连，它只是为了满足成千上万早期的狂热爱好者，其中大多数人是游戏迷。2016 年的虚拟现实产品和未来的虚拟现实产品相比，就像拿电影《华尔街》里戈登·盖柯手里抓着的砖头式的摩托罗拉手机和你的玫瑰金色的 iPhone 7 相比。

若能将虚拟现实和增强现实产品转化成亿万用户可用的界面，这样的设备会更容易融入我们的生活。要做到这一点，需要找到一个设备将它们通通"吃"下去，智能手机就派上了用场，如此一来，也能帮助智能手机摆脱目前停滞不前的状态。

它们的外观和手感很像普通的大框眼镜，清晰的镜片内置波导管，你的手机采用无线传输，将每秒 90 帧的 1080p 视频传送到每个眼镜腿上的微型投影仪，投影仪再将内容传送到每个镜片的整个表面，覆盖 120 度的视野（每只眼睛的分辨率为 960×1080）。未来若干年，甚至有可能每个镜片由分辨率极高且无边透明的液晶显示器替代投影仪加波导管的组合。

这些眼镜不分虚拟现实和增强现实，它会调动下一代手机全部的计算能力，实现功能的切换，从完全透明的状态（关闭），变成显示增强效果的图像（AR），再变成显示覆盖整个镜片的图像（VR）。虽然这种连接到电脑的大型全封闭头盔显示器生成的图像质量会部分受损，虚拟现实产生的身临其境的完美感觉也会打折扣，却能满足绝大多数流行的虚拟现实和增强现实应用产品的需要，而且方便穿戴和携带，使得更多的消费者选用它，而不是选择比较复杂的头盔显示器。复杂的头盔显示器则继续为高端游戏人群服务。

虽然这种轻型替代品要求的性能和小型化在 2016 年还无法供消费者使用，但所需技术的原型是存在的，这使得第一个易于穿戴且能供应消费者的虚拟现实/增强现实眼镜会在 2018 年至 2020 年之间成为现实。

借助这种方法，此类眼镜会受益于手机的普及、便携、可上网、计算、触控和音控等功能，而手机也会因此类眼镜的新显示选项和应用而受益。

这些虚拟现实/增强现实眼镜将是手机的进化和扩展，而非一个全然不同的新平台。

观察主流虚拟现实/增强现实眼镜的主要供应商，我推测将是苹果公司与硬件供应商联盟在谷歌的安卓操作系统上的另一场竞争。苹果公司的武器就是苹果眼镜1号和在2018年至2020年间上市的新款苹果手机组成的产品，而硬件供应商包括三星和脸书的傲库路思。在服务和内容端，期待脸书公司能够利用虚拟现实和增强现实提供的能力，发展其所有的产品：脸书、照片墙、脸书信使、网络信使及其潜在的新增功能，并使苹果和谷歌像目前这样使用这些硬件平台。期待脸书公司也能解决虚拟现实和增强现实中令人不舒服的色情问题，一直以来，脸书和照片墙制定了相关政策，防止此类内容的传播。与苹果应用商店和谷歌应用商店相似，傲库路思虚拟现实商店和三星Gear虚拟现实商店也不允许成人娱乐内容的存在，但与苹果手机和谷歌安卓手机不同，傲库路思虚拟现实技术是向所有开发商开放的，色情内容很快就找到了登录这一平台的方法。

手机媒体向虚拟现实和增强现实扩展能带来多大的商机？观察从2010年苹果公司推出iPad后才真正启动的平板电脑市场，可能会对预测上限起到一定的指导意义，因为价格（大概从300美元到800美元）和案例都是相似的：

自2010年推出以来，已售出近3亿台ipad。
到2018年，预计平板电脑每年总销量将达3亿台。
到2018年，预计平板电脑用户数约为10亿人。

需要记住的是，2018年，虚拟现实/增强现实眼镜将是比平板电脑更新的媒介。2010年，该眼镜可能不会像平板电脑技术那样快速降至低端产品的价格，到2026年，即在2018年其成为主流产品8年之后，它可能难以达到10亿用户。但是，到2026年，拥有5亿以上用户是可能的，作为我们的"最后一块屏幕"，该眼镜可能会继续为10亿用户的目标蓄积能量，特别是届时为该眼镜提供支持的智能手机用户数有望超过50亿。

曾几何时，通过脸书连接10亿人似乎是一件不可能的事，但现在这个目标实现了，如果这是可能的，那么，让10亿人享受身临其境的体验又有什么不可能呢？

第 16 章

如果脸书连接了全世界,将会怎样?
——社交网络的未来趋势

脸书公司的使命重大，因此，它不断地提醒自己"脸书的旅程只完成了1%"，至少在公司内部会经常提及这个说法这。而我们都成了低头族，所有人盯着自己的手机，因此，我们不太清楚，如果脸书公司胜出了，情况会怎样？（之所以用"胜出"这个词，是因为想不出更合适的词。）

如果脸书以他们现有的市场占有率服务中国的网民；如果脸书用无人机和卫星让无法上网的人连接互联网（特别是在印度和非洲）；如果脸书制作的视频像今天的照片一样无处不在（到2025年，我们的手机会拍摄或播放全景视频）；如果我们的手机与轻型混合现实眼镜连接，而脸书无处不在的动态消息的内容会投射到这种眼镜上，我们几乎可以在任何时候任何地方发现和观看所有内容（包括商业电视节目）；如果无人驾驶汽车可以为我们代劳，就能让我们每天在上下班途中额外省出半个小时，再用这半个小时享受这些完美的小型服务；如果脸书公司将它最新的资产网络信使和脸书信使改造成最流行的工具，可以将易于使用的聊天服务在微信和连我发展初期扩展至亚洲；如果脸书用真正了解、理解和预测我们每个人的人工智能强化其所有服务的基础，让我们搜索得更少，却知道得更多。

这是一个很大的市场，但大概有多大呢？

2025年的脸书

到2025年，世界人口估计将达到81亿。结合预测和某些保守的趋势分析，互联网人口届时可能会增长至 50 亿。如果脸书的服务在这些网民中的普及率达到 60%（远低于 2015 年脸书在几十个不存在基础互联互通问题或竞争挑战国家的平均普及率），该公司每月将服务 30 亿人和 1 亿多家企业。

这比"是其 2015 年时的两倍"重要得多。感谢梅特卡夫定律，让我们知道电信网络的价值随其覆盖面积的增加而增加。由于连接了更多的眼睛和大脑，脸书服务受关注的程度将增加 4 倍多，而且由于经济参与者的增多，其生产力也会提升 4 倍多。这不仅是将目前在世界总人口中的普及率提升近两倍的问题（从 20% 升至 37%），因为假设脸书在世界人口分布的每个群组中平均普及率达到 50%（粗略估计），那么，要达到 37% 的总普及率可能要将网络普及到在收入、教育、健康和基础设施只占 26% 的世界人口，而不能普及到占有上述资源 60% 的人口就算完事，因为资源少的人群人口众多。这些人口之间的均数差高达 10 至 100 倍。

虽然这仍旧只是对全社会和全球情况的部分反映，但其代表的市场是非常大的。

请忘掉大小。脸书是否有机会比"只是多"更多，或者说不只是更大、更快和更出色呢？

2005 年 vs 1493 年：精神世界的哥伦布大交换

当我们航行至网络世界的交会处时会发生什么呢？会迎来一个后连接时代吗？扎克伯格会成为精神世界的哥伦布、脸书会成为哥伦布大交换，从而重塑社会的盘古大陆吗？

这话是什么意思？

若要搞清最后一句话的含义，需要退回到过去。退回到1493年。或者更准确地说，退回到《1493：物种大交换开创的世界史》。在查尔斯·曼恩2011年出版的这本畅销书中，他描述了哥伦布的航行带来的深远影响，即使他的行为在很大程度上是无意而为之的，但哥伦布的远航探险将以前毫不相干的欧洲、非洲、亚洲和美洲连接了起来，引发了全球化，确立了当今世界的模样。

最根本的概念即所谓的哥伦布大交换，它由阿尔弗雷德·克罗斯比在1972年首次提出，指携带着世界某个地区的商品、动物、食物和疾病，开始与其他地方交往，并将它们重新分配至很多地方。正如曼恩所说，"意大利的西红柿、美国的橘子、瑞士的巧克力和泰国的辣椒"皆源于哥伦布大交换。它把欧洲的马和对农业至关重要的南美蚯蚓带到了北美洲，因为在冰河时代，它们在北美洲被冻死了；把南美的白银带到了亚洲，这些白银是由在欧洲人控制下的非洲奴隶开采的，以换取欧洲人珍视的丝绸和瓷器；还带来了秘鲁用海鸟粪制成的肥料、新几内亚的甘蔗、中东的小麦、巴西的橡胶、加勒比海的烟草和非洲的咖啡。它也是大规模生物危机的罪魁祸首，如把天花、麻疹、伤寒、霍乱和疟疾带到了美洲，而把梅毒和爱尔兰马铃薯饥荒带到了欧洲。据曼恩的评估，它也是工业革命、农业革命和西方崛起的根本原因。

或许哥伦布大交换是过去500年来对塑造这个实体世界生活影响最大的抽象概念，克罗斯比称这一过程为"盘古大陆的重塑",所谓盘古大陆,说的是地球开始是一整块陆地,大约 1.75 亿年前开始分裂。

考虑到这一点,拥有 30 亿用户的脸书会成为精神世界的哥伦布大交换,而扎克伯格会成为它的催化剂吗?(鉴于诋毁哥伦布的人指责他导致了一系列的问题,如奴隶制、直接和间接的种族灭绝和宗教狂热,还有就是导航能力十分蹩脚,这种比较未必对扎克伯格有利。)

尤其是当脸书拥有了 30 亿用户之后,脸书和哥伦布大交换之间确实有非常相似之处,即它们都开创了新的连接平台。正如西班牙人在 16 世纪初抵达墨西哥,然后航行至菲律宾,在那里遇见了中国商人一样,我们也可以跟远在半个地球之外的朋友建立联系,只不过是通过脸书而已。

二者的差距还是很大的。虽然脸书让数以亿计的人建立了联系,但与哥伦布的"大交换"相比,它在交换的多样性上就差得多了。与西班牙人和中国人在菲律宾第一次相遇,从而开启了所谓的大帆船贸易不同,在脸书上,我们的感情、故事和想法(心和脑的商品)不是在之前互不认识的人之间传送,而几乎是在彼此认识的熟人之间流动。我们可能身处地球村,但还没有真正构建成一个地球村。我们毫无阻碍地与已知的人和事建立联系,动态消息也会为我们显示更多之前我们点过"赞"的人和事。无论好坏,它倾向于成为一个回音室,而不是交换。其最大的弱点是,它让确认偏误成为惯例,即人们倾向于寻找、解释、偏爱和记住更接近自己意见的信息,进而沉浸其中,更无法自拔。

让一切重新连接

脸书推荐的连接和动态消息造成了"回音室"的效果,但造成这种效果的原因恰恰也可以很好地解决这个问题:不妨做出巨大的改变,除了连接用户知道的人和事,也让用户更加活跃地连接他们不知道的人和事;不仅与"你的"世界连接,更要与"整个"世界连接;不只是连接地球的另一边,而是连接问题的另一面;不仅连接亚马逊网站,而且还连接乌干达的香蕉船非洲工艺品店(Banana Boat)和印度尼西亚的达图·伦布兰公司(Dhatu Rembulan);不仅要强化现有的连接,还要让一切重新连接,甚至推荐全新的连接。脸书在试着看看能否找到什么方法,让我们的网络社区或多或少地突破实际生活社区相互分割的状态。

如果我们能找到某种方法做到以下事情,会怎么样呢:帮助共和党人更好地理解是什么样的立场导致民众转而支持民主党人(反之亦然),帮助在控枪的问题上无法取得有意义的进展的美国人多听听在控枪上已经有所建树的澳大利亚人的想法,帮助男人更容易与致力于克服职场中无意识偏见的女性接触,帮助传统家庭对现代家庭产生更多的同理心,帮助住在郊区的白人更好地理解为什么"黑人的命也重要"这种口号不应改为"所有人的命都重要",帮助硅谷的技术人员听到艾奥瓦州用户的反馈,帮助伊拉克的一位信仰伊斯兰教的母亲与美国得克萨斯州一位信仰基督教的母亲交换她们女儿的照片。如果非洲的一位顶尖开发商有机会与一家《财富》500强公司或新创企业合作会怎么样呢?这恰好是扎克伯格夫妇成立的陈和扎克伯格创始公司第一笔 2 400 万美元投资的使命，它投资的是尼日利亚的科技公司安迪拉（Andela）。

那么，这需要什么呢？ 首先，需要很多人（已做到）；了解这些人是如何连接的（已做到）；许多数据、内容和观点在连接者之间流动（已做到）；能轻松地显示新的连接（已做到），并共享内容和消息（已做到）；在几十种语言的文字和语音之间有效互译所必需的人工智能（2016 年，脸书启动了 44 种语言文字的自动翻译，所以，这一点也做到了）；甚至有能力创造出模仿其他的人及其观点的智能机器人程序（已做到）。

它是如何运作的？ 为了找到答案，我问了自己的女儿，她是一位年轻的千禧一代（或是年长的 Z 世代，取决于你问的是哪一位人口学家了）。她开始思考如何慢慢地拓宽视野，而不是跟观点相佐、生活环境不同或没有共同语言的陌生人聊天，从而一个猛子扎入"让全球更好地相互理解"的深水区。她建议为用户每天会看很多次的脸书的某一项功能寻找新的用途。

在点击动态消息中的链接后，脸书会利用用户表现出来的兴趣，显示与用户刚刚所看链接的内容类似的一组相关链接。脸书的人工智能不断进步，已经从仅仅寻找对应的单词发展到根据词汇理解其含义，因此，也就有了更多比"相似"更复杂的关系，比如"更深"、"不同"和"反对"。随着这些进步，人工智能还可以不只是显示与用户寻找的内容类似的链接，还会留出空间，为用户显示从不同的角度看问题的链接，包括其他国家的观点的翻译版本。你可以自主决定忽略这些链接，但是，这种可以扩大眼界的机会想必每次都会引起你的注意。

一旦将"均衡视野"功能扩展至朋友和企业的状态更新，你就可以继续利用人工智能的能力来推断这些信息的意义，比如，"我们注意到你点赞了你朋友关于控枪的帖子。你想研究一下其他观点的帖子吗""你点击了塔吉特公司家居用品的页面。你还想去南非开普敦的斯金妮·拉明克斯（Skinny laMinx）网店购物吗"。

然后，再向前迈出一大步，提供用户间的对话，以扩展用户的视野。不过，脸书为用户提供了一个中间步骤，即把用户与一个智能机器人程序连接起来，这个机器人程序已经从脸书整合的数据中学习了某些观点，而不是让用户和某人直接联系，那样会让人感觉突兀。因为有30亿用户可供学习，脸书拥有了海量的经过整合的"意识"（点赞、状态更新、共享链接、图片、视频），而脸书公司是唯一拥有这些资产的公司，因此，2025年的脸书可以在网上为用户提供一个共和党的智能机器人程序和一个民主党的智能机器人程序，一个喜爱红袜队的智能机器人程序和一个喜爱扬基队的智能机器人程序，一个可以跟用户探讨在加纳生活的智能机器人程序，一个可以跟用户谈论印度和巴基斯坦紧张关系，并能提炼双方观点的智能机器人程序……

那就开始问智能机器人程序问题吧，你为什么是共和党人？巴勒斯坦人觉得与以色列的冲突会升级吗？汤姆·布雷迪真的是有史以来最棒的美式橄榄球球员吗？智能机器人程序不做判断，也不会像人一样在朋友面前取笑用户，而让用户的感情受到伤害，而且在聊天之后，用户还能得到一个更明智的答案。

当用户不仅仅满足于偶尔找到一个更全面的观点，并且会因为找到这样的观点而感觉更满足时，脸书就可以创建用户与其他真人沟通联系的方式了。为了让这一过程更自在，脸书允许针对某些特定主题的匿名连接请求，只有在双方同意的情况下才会显示真实身份。"一位叙利亚人想和某个德国人谈谈难民的情况。你愿意匿名聊天吗？""一位美国人想和某个伊拉克人谈谈伊斯兰激进主义。你愿意匿名聊天吗？""一位 4.8 级（最高 5 级）的巴基斯坦手机应用程序全栈开发者希望与中国的手机游戏开发者连线。你愿意匿名聊天吗？""意大利锡耶纳一位 4.9 级（最高 5 级）的手工意大利面酱制造商希望与喜欢意大利面或上个月去过意大利餐厅的美国人连线。你愿意匿名聊天吗？"把这些想象成交友软件干柴烈火（Tinder）的"向右滑屏"（同意）的功能，而这也就是古巴人类学家费尔南多·奥尔蒂斯（Fernando Ortiz）所谓的"文化嫁接"。

愿望是良好的，但当千百年来，人们表现出来的倾向恰好相反时，脸书要自问，凭什么用户会参与这个能扩展其观点的交换？

就早先的哥伦布大交换而言，它的参与深度和广度难以置信，参与者的初始动机在于追求商机、更好的生活和更强大的势力，这些好处让他们对未来充满了期待（事实证明，那次大交换对经济实力进行了重新平衡，经济重心从亚洲转移到了欧洲和美洲，这也成为欧美随后崛起的关键转折点）。虽然 2025 年连接方式更多样化的脸书也拥有类似哥伦布大交换带来的商机，但这些商机只影响通过脸书作为交易平台的几亿用户，而不会影响借助脸书交流信息和想法而非交换商品的几十亿用户。

但是，永远不要低估声誉的力量（或者至少是自我肯定和精神享受的力量，这是让我们感觉良好的经济收益以外的主观收益）。哥伦布大交换早期的主要力量和哥伦布第一次航行归来后得到西班牙政府巨大支持的原因在于欧洲渴望从南美洲与亚洲进行白银贸易，以获取丝绸和瓷器，对于最终想要马匹、新的土地或外来种子的殖民者而言，这不会为他们增加多少财政收入，至少是相对不足的，但是，这确实会让人感觉更好。

也许2025年的脸书会拥有少量类似人体内让人感觉良好的那种化学物质，只是也许而已。几乎没有什么东西比可以看见的一两个数字更能严生这种感觉了。不明白我说的是什么意思吗？有多少人对你近日发的那张照片点赞呢？

如果在点赞、爱心、笑脸、惊讶、伤心、愤怒之外，脸书增加一到两个新的反应键会怎样？"安德烈娅在《难民潮：我们逃往欧洲的旅程》这个视频的网页上发现（discover）了一个帖子。""史蒂夫听说（hear）了罗伯特的帖子。"或引入一种新的连接："玛丽亚与克罗地亚的安雅建立了一次世界连接①。""戴维有440个好友和26个世界连接对象。"扎克伯格拥有的脸书全能动态消息算法

---

① 世界连接（World Connection）是作者造的一个词，指在脸书上与世界某个地方的人建立连接。那个地方用户未必知道，双方也不认识，更没有见过面，只是连接，还不是"好友"。目的是区分与真正认识的人的连接，因为脸书连接的好友大多数是自己认识的人。——译者注

等同于亚当·斯密的那只"看不见的手",它更喜欢表现这些反应和连接的故事,我们知道当脸书可以让一群活跃的少数人使用某个功能时会发生什么。我们的朋友做什么,我们就会做什么,即使那意味着结交不同类型的朋友。

在这些方面建立一个增长小组,我们可能会实现比仅仅获得30亿用户更大的目标:重塑精神世界的盘古大陆。

第四部分

反思脸书

第 17 章

那些值得庆祝的失败
——脸书也会失败，但这不失为一件好事

敢冒极不合理的风险，失败了还要庆祝，这是硅谷和它的传说最为核心的两个要素。这里不是胆小怕事者的游乐场，相反，它是一个创造性破坏的大熔炉。新梦想建立在那些无法继续做下去的旧梦之上。看看谷歌的总部，它就坐落在现已销声匿迹了的硅图公司（SGI）的旧址上，脸书公司不断扩大的办公区则建在太阳微系统公司（SUN）的旧址上。被收购后，此前号称".com中的点"①的太阳微系统公司很快就被人忘记了。

不怕失败这种精神改变了硅谷，使它不再主要围绕使它得名的"硅"打转。实际上，它在持续地衍变，以满足未来的需求，迎接未来的机会，犹如它最早从20世纪50年代的一片果园发展而来一样。

在结果尚不确定的时候仍然迈步向前，这就是硅谷存在的理由。

风险是必然的，失败也在所难免，但二者必须要被硅谷两类主要的消费商以不同的方式加以管控。

像苹果公司甚至特斯拉公司这样的硬件制造商必须在行动时更加谨慎。开发新产品或从之前产品的失误中恢复过来都需要很长的时间，组建大型团队和复杂的制造项目所需的投资也比较大，而且花钱购买新产品的消费者是心怀期待的，如果达不到他们的

---

① 在互联网公司（.com）大发展时，太阳微系统公司在其广告中喊出了"We are the dot in the .com"，也就是说，没有它这个"点"，也就不存在互联网公司，意在让人们相信使用太阳微系统公司的服务器，是比用思科的网络设备建立网络数据中心更佳的选择。——译者注

期望值，他们就会转身离你而去。你本来就没有多少上场击球的时间，只有尽可能在深思熟虑之后挥棒，才能打出全垒打。

另一方面，软件行业现在几乎完全是免费使用的互联网服务，如谷歌搜索引擎和脸书，若被用户疯狂抛弃，它们自然承受不起这样的打击。和这种打击相比，风险是可以忽略的。小团队和较少的可变成本也能快速开发出技术产品的原型，这使竞争蔓延至现实生活的每个角落，即便是来自较小竞争对手的竞争也会十分激烈且具有破坏性。正如扎克伯格在 2011 年所说的那样："在一个变化实在太快的世界里，唯一肯定会失败的策略就是不履险蹈危。"

这就是为什么谷歌公司和脸书公司总是在不断地尝试新产品，以此看看哪种产品可以顶门立户，而苹果公司花了三五年的时间才开发出第一个产品，特斯拉公司则是在研制了 10 年之后才推出了 3.5 万美元的车型（Model3）。

在这个残酷的角逐台上，脸书公司肯定不是第一个尝到败绩的公司，但它成了最优秀的公司之一。

脸书的企业文化对失败的包容性

在脸书公司，失败不只是发生而已，风险和失败在这里已经司空见惯，而不仅仅是允许或鼓励失败的问题。

风险和失败就活在脸书公司的企业文化中，这从挂在脸书公司几乎所有可用的垂直墙面上的数百幅海报可见一斑："如果你心无畏惧，那会做什么？""迅速行动，打破成规。""让失败来得更猛烈些吧。""对错误要有所准备。"脸书公司对待失败的态度，还体现在员工会集体行动，而不仅仅是观望肩负着企业文化使命的老员工怎么做。

黑客马拉松鲜活地反映了脸书公司的企业文化，它是脸书公司最著名的活动之一，每年举办多次，开始时主要是工程部门参加，后来其他部门也逐渐加入。举办黑客马拉松时，整个公司会停下手头的工作，围绕着让人充满激情的项目组建人数极少的小组，在24小时之内开发出技术产品的原型，因为若不是这样，员工就没有时间做这些项目，自然也不会关注这个活动。该活动不啻一种文化试金石，重要的是，在它结束之后，扎克伯格会亲自查验最好的项目，随后对有些项目大开绿灯，将其直接开发成真正的产品。有些黑客马拉松项目非常成功，比如在照片中标注人，发布视频和能在很大程度上提升脸书基础架构性能的PHP脚本语言程序代码转换器（HipHop for PHP）。有的项目就没有成功，比如向色拉布"致敬"的弹弓（Slingshot）[①]，但不管怎样，所有的努力和结果都会被鼓励。

最重要的是，扎克伯格本人就鲜活地体现了这种企业文化。从

[①] 用户使用弹弓（Slingshot）聊天时，要先"扔出"（sling）一条短消息，接收者想要看到好友发来的照片或视频，就必须使用照片或视频进行回复，这就是它取名弹弓（Slingshot）的由来。这种设置为用户带来了乐趣，可以保证对话持续进行，并与色拉布（Snapchat）区分开来。但好景不长，三个月后，脸书撤下了"强制回复"功能，弹弓变得与色拉布无异，一年后下线。——译者注

他的大手笔上看，他收购了照片墙、网络信使和傲库路思虚拟现实公司，并启动类似登月计划的大胆探索项目，比如成立互联互通实验室，开展人工智能研究等。从小的事情上看，他也有个人项目，比如 2016 年，他开发了一个脸书信使智能机器人程序，用于控制自己家的电子设备。这种企业文化还表现在他承认自己的领导能力尚有欠缺，如同脸书公司的其他的不完美事情一样。扎克伯格比其他上市公司首席执行官更愿意冒险，他不害怕失败。

这是好事，因为脸书公司要面对很多风险和失败。无论是对其主要服务的扩展、为广告商提供的产品、收购，还是全新的应用程序，脸书公司的很多次挥杆都没有击中球。

"失败"的手机应用程序

每天使用脸书主要服务的用户数每增加 1 亿都会登上头版头条，次数已经多到人们难以记住这些新闻了，但该公司的工作重心一直没有偏离抢夺市场份额这个未实现的梦想。

脸书公司创立初期，公司开发出了虚拟礼物（Virtual Gifts）和我问友答（Questions）两项功能，其存活期分别为 2007 年 2 月至 2010 年 7 月和 2010 年 7 月至 2012 年 10 月。大家对它们充满热情，认为它们可以扩充脸书的架构，增加脸书用户在两项受欢迎活动上的参与度，即生日祝愿和交互学习。因为你的朋友和朋友的朋友会构成一个"蜂巢式的大脑网络"，你可以从中学到很多东西，虽然它们被网络社区的某些人接受，但并没有扩散开来，也没有得到普遍的应用，阻力在于脸书公司对其能否每月吸引数亿用户没有把握。有趣的是，这两项功能遇到的问题正好相反，因为"虚拟礼物"的用户群不够广泛，起不到"好友怎么做，我就怎么做"的示范带头作用，而"我问友答"遇到的问题是，好友贴出的问题，似乎吸引了太多非专业人士的参与，他们的答案似乎没有相对较小但更成功的Quora（知名网络问答社区）给出的答案更有条理。Quora致力于实践"网友会回答我的问题"这一理念，其共同创始人之一是脸书公司前雇员亚当·德安捷罗。

紧接着脸书公司两个更核心的业务也折戟沉沙，一是全员大会战式的开发，应用程序交易（Deals）从2011年4月生存至2011年8月，其开发匆匆，关闭也差不多同样匆匆，它提供在动态消息上直接从企业购买商品和服务，并分享优惠券的购物服务；二是应用程序图表搜索，从2013年3月生存至2014年12月，名字起得毫不起眼，是专门为脸书海量用户、照片、连接、网页、地点和内容而打造的。高朋团购是一家将优惠券重新改造之后放在互联网上销售的优惠券承办商，交易是针对看似迅速风行的高朋团购而推出的脸书版本，它遇到的问题是此类产品先天固有的，因为它的目标用户是特殊交易群体，整个行业尤其是期望实现增长的中小企业证明它只能风行一时，不可持续。此后，这两个应用程序被更有效和更一致的方式取代，以增进在较长的时间里用户对企业及其产品的认知和购买，这些方式包括特价优惠（Offer）、内嵌的购买按钮（Buy）以及将营销活动与商店内的客流量关联起来的能力。图表搜索则是一个构造得非常好的语义检索工具（例如，"喜欢碧昂丝和范·迪塞尔的某人的朋友""我在苹果公司工作的朋友""我的去过意大利的欧洲朋友""我和某人的照片"），它很精准，但使用难度高，并没有大幅增加脸书搜索在找人方面之外的使用率。自从推出了这个应用，脸书对搜索状态更新和评论中出现的关键词的关注更加务实和成功，但对脸书公司来说，它还是有必要开发更多的功能的。

"失败"的广告业务

脸书公司打造出了全球超群的手机广告产品，并将它推向了市场，但打造该产品的道路偶有坎坷。

创立初期，脸书公司在开发灯塔（Beacon）这个产品时误入歧途，它的存活期为2007年11月至2009年9月。基于"每百年媒体变化一次"这个言过其实的前提，脸书公司发布了这个产品，它的功能是把在互联网其他应用上的活动有选择地发布到脸书上，最初它设置了一个"选择退出"的选择项，意味着你必须主动地关闭此功能，因为其默认设置是"开启"状态。这使用户心生恐惧，担心无害的信息（比如买生日礼物的惊喜）和不那么无害的信息（比如内容有问题的DVD）会被传播给自己500位最亲密的好友，从而引发用户在隐私保护方面的担忧。扎克伯格不得不出面为该产品向大众道歉，面对集体诉讼，最后只好将该产品下线。然而，它其实是"加入"功能和更成功的"关联"功能的前身，关联功能使你可以用脸书账户登录互联网的其他网站和应用程序，并将行动和内容分享回脸书，当然，前提是你选择了"加入"。

紧接着是动态赞助（Sponsored Stories）的开发，它的存活期为 2011 年 1 月至 2014 年 4 月。它是一个能力强大的产品，可以使广告商把用户在脸书上与企业互动的信息推送给用户的好友，这些信息包括点赞、签到和在特价优惠上的兑付行为等。看到自己的朋友在参与一家企业的活动，这种"社会情景"有利于增强用户对品牌或产品的认知，也很有效。虽然有效，但该产品用起来十分复杂，实际结果也不可预知，最终也引发了集体诉讼，脸书公司不得不解决与在这些广告中使用用户照片有关的麻烦。脸书公司随后推出了一个重要的简化版广告产品，它专注于易用性、精准定位和有效的内容，这使它的其广告业务得以复兴。

"失败"的收购

虽然照片墙、网络信使和傲库路思虚拟现实公司的收购都成了头条新闻，但你可别以为脸书公司的收购史完美无缺。

脸书公司收购了实物礼品服务网站卡玛（Karma），只不过它只从 2012 年 5 月存活至 2014 年 8 月。脸书公司收购它的目的是增强其虚拟礼物的市场能力，毕竟 10 亿多用户等于每年有 10 亿多次生日，尤其是生日前后，市场一片繁荣。而大众把脸书公司此举看成脸书直接参与商业活动的尝试，而不只是提供广告服务。然而，这项服务无法持续地扩增。即便能扩增，脸书可能还要面临未来一系列复杂的事情，实体仓储和履行订单的责任会越来越重，难以抗衡亚马逊这样的一流供应商。相反，脸书公司专注于利用自己的关键资产（了解和接触这些消费者），反而可以帮助零售商发挥其关键资产（消费者购物的物流）的优势。

互联网服务和手机应用程序的开发商是脸书公司的关键支持者之一，为了帮助这一群体，脸书公司收购了"软件即服务"[①]供应商帕斯（Parse），以提供易于使用的基础架构服务，让这些开发商专注于其服务的建立和增长。帕斯存活于2013年4月至2016年1月。与收购卡玛的情况类似，这次收购再次证明亚马逊和亚马逊云服务（Amazon Web Services）更擅长处理这个任务，也更受欢迎。脸书公司又一次退回到其独特而有利可图的资产：通过广告，促使用户安装并再次使用开发商的应用程序。

虽然这个故事还没有写完，但脸书公司在收购广告服务方面的业绩均不佳，其中包括2013年收购目标定位和广告服务平台阿特拉斯（Atlas），以及2014年收购LiveRail（视频广告交易平台）。脸书要完全重写阿特拉斯的技术，再加上来自谷歌的竞争对手、已经流行的双击（DoubleClick）的压力，使得整合阿特拉斯远远超出脸书公司预期的时间，导致阿特拉斯降级为跨互联网的测量工具，而非用于实现脸书公司的更大的野心。LiveRail的内容供应存在质量问题，在脸书以外的网站上常常存在欺骗行为，也就是

---

① 软件即服务（Software as a Service，SaaS）有时也称"即需即用软件"，意思是"一经要求，即可使用"。它是一种软件交付模式，云端集中式托管软件及其相关的数据，用户通常浏览一个网页来访问软件，获得服务，软件无须安装即可使用。——译者注

智能机器人程序而非真实用户产生的虚假点击量，或者广告已经提供给网站，却从来没有播出过，这些问题已经导致很多服务被关闭，以防危及脸书自身有效而高质量的互联网内容。脸书公司自己开发的脸书观众网（Facebook Audience Network）继续走易于使用的广告格式和精准定位之路，是基于脸书对用户的了解谨慎测评过的手机应用程序，事实证明这条战线取得了更大的成功。

"失败"的手机应用程序

在当今互联网世界，没有什么比成功开发手机应用程序并使之增长更重要的事了。脸书、照片墙、脸书信使和网络信使便是其中的佼佼者，而且全都在扎克伯格的掌控之下。这并不意味着脸书在这方面轻松自如，没有经历过太多的挣扎。其实，脸书公司中途夭折的计划也够两位数了。

或许其中最出名的是 2013 年 4 月发布的主页（Home），它可取代安卓系统既存的主画面，让用户除了能启动应用程序外，还可轻易地全屏幕浏览和转发脸书的内容，并在锁定的屏幕上显示来自脸书和其他独立应用程序的短消息。主页很接近脸书公司开发自己的手机操作系统或手机的目标，但这个产品实在太过于脸书化，大多数用户需要选择下载和安装其功能组件，似乎脸书要全面占领他们的手机，这让用户接受不了。然而，此次开发获得的技术让脸书公司的团队开发出了更为成功的产品，其中就包括脸书信使和即时文章。

在与色拉布争夺吸引千禧一代的一对一或小群体分享应用程序的长期竞争中，脸书推出了以下应用程序：2012年12月至2014年5月存活的"戳一下"、2014年6月至2015年12月存活的"弹弓"和2015年4月至2015年12月存活的"协作影音"（Riff）。但这些应用程序都不太成功，它们分别提供简单的短消息、需要回复才能看到的短暂保存的短消息和合作生成的视频，但与脸书本身或其强大的竞争对手色拉布相比，这些应用程序都没有表现出足以改变游戏规则的特质。

2014年1月，脸书公司推出了卡片报纸，卡片报纸因其迷人的全屏设计而受到业界的普遍好评，它对脸书的阅读体验进行了重新构思（和布局），却没有达到大规模吸引用户的目的。然而，卡片报纸的技术在脸书自己的手机版动态消息中的新阅读体验应用程序即时文章（及与它相关的发布广告的全屏画布）中得到了延续。

同样，2014年10月到2015年12月存活的聊天室（Rooms）是为手机开发的可匿名聊天的论坛，在耳语（Whisper）、秘密（Secret）、Ello和Yik Yak等匿名聊天应用程序纷纷进入市场时，脸书推出聊天室的目的是要引起人们对匿名进行网络连接的兴趣，但它并没有脱颖而出。

脸书创新实验室（Facebook Creative Lab）从2014年1月存活至2015年12月，它的成立是为了促成卡片报纸、弹弓、聊天室和影片接龙等应用程序的尝试，但很快就被关闭了。一来因为缺乏成功的产品，二来大家意见不一，认为为了完成创造性突破的任务而孤零零地创建一个团队还不如让脸书公司所有团队共享机会和分担责任,从而更有效地实现这些突破。

然而,分散作战的方法也未必就是成功的保证,甚至有可能开发出令人费解的单品,比如始于 2012 年 5 月的照相机(Camera)、始于 2014 年 8 月的稳定延时录像机延时摄影(Hyperlapse)和始于 2015 年 3 月的拼贴画工具布局(Layout)。它们被各个团队开发出来,其中就包括照片墙团队,似乎照片墙团队内部偶尔还出现过手足相残的竞争。

"失败"计划的未来

所有这些失败会伴随着成功,这些成功会让脸书公司承受新一轮规模渐增的风险,比偶尔出现的新失败和较大的成功更有益于脸书公司的进步。因为它不再只是小型的程序开发计划,相反,它是更大规模的收购、开发消费硬件和扩建"更快失败的工厂"①,如互联互通实验室和 2016 年最新冒险组建的 Building 8。这些工作隶属首席技术官麦克·斯科罗普夫,具体负责人竟然是有过失败经营经验的丽贾娜·杜根,她是美国国防高级研究计划局(DARPA)前负责人和谷歌先进科技和项目小组(ATAP)的前负责人。在接

---

① 在硅谷,公司鼓励创新,鼓励创业,也鼓励失败,这种观念背后的理念是:快速尝试,快速失败,才能快速找到正确的方向或产品,进而快速成功。"更快失败的工厂"指实践和需要这种观念的场所或团队,并非真正的制造企业。——译者注

下来的几年里，扎克伯格打算投资几亿美元用于该团队的研发，在脸书公司主流产品之外打造软件和硬件系统。该孵化器已经完全成熟，它拥有独立的首席运营官，领导着创新、商业和技术方面的员工，其严肃性不容质疑。毕竟，丽贾娜在谷歌时领导的团队致力于室内3D测图系统、模块化手机和3D动画项目，她形容其团队是"一小群想干票大买卖的海盗"。

某些大公司不敢冒风险，或没有意识到之前的成功让自己志得意满，觉察不到新生力量正在向它们发起进攻，意图打败它们。它们踌躇不前，进而导致螺旋式衰落，直至跌至谷底。脸书公司内部形成的螺旋上升力量虽然与之恰好相反，却还是不可能永远持续下去。现在谈到涉及风险和失败那种破坏性的复杂组合时，人们通常将它称为硅谷的"登月计划"，即使字母表公司（谷歌的母公司）不得不削减、集中和合理化其各种投机性的活动，包括租赁汽车、医疗保障设备、用于为发展中国家普及互联网服务的高空气球、风力发电场和整个城市基础设施的重建等，它仍被认为是"开路先锋"。谷歌公司很享受自己的发射平台是世界上仅次于苹果公司的第二大摇钱树。

就像希腊神话中的伊卡洛斯告诉我们的，离太阳越近，就越危险，原来被扎克伯格抛诸脑后的问题现在必须要提上议事日程了。多大的风险才算是太大的风险？风险之中是否还有十足的把握取得成功？如果努力在创新方面超越了色拉布，却无法再次复制这种成功，那就令人担忧了，这不只是竞争的问题，是不是要考虑自己的方向是否正确，或自己的能力是否足够呢？（2016年

10月，《华尔街日报》预计色拉布的母公司 Snap.Inc 于 2017 年首次公开募股，公司估值 250 亿美元以上，没有比这种威胁更真实的了。）如果所有为它提供资金的广告业务开始出现资金链断裂，那么这些向上的动力会发生什么变化呢？

换句话说，所有这些更难失败的"失败"和更快失败的"失败"何时会变成真正的失败？

从削弱脸书当前和未来发展趋势的意义上讲，脸书有两个最接近实质性失败的"失败"：在推出下一代搜索引擎上缺乏进展，无法提升对脸书数据和开放互联网的搜索体验，还有就是它显然无法从内部成功开发出新的手机应用产品。

在搜索业务方面，脸书公司拥有两项最需要维护好的资产：在用户体验的网页或手机应用程序页面的顶端有一个搜索框，以及每天吸引了 10 亿用户的大部分时间和注意力（在这一点上，搜索算法本身是相对商品化的）。在与谷歌搜索广告业务的竞争上，脸书的展示广告业务是完美的左膀右臂，脸书需要这项资产，因为如本书第 8 章所述，数字广告这个棋盘上的反方最终会增长，从而侵占己方的部分市场，而且想要维持收入的增长必须占有数字广告的一定份额，而不能仅仅指望广告收入从电视广告转移到数字广告，并平均分配给谷歌公司和脸书公司。然而，经过 5 年的努力之后，脸书公司显然没有开发出一个独特而有利可图的搜索产品，无法分谷歌公司一杯羹，更不用说取而代之了。

在手机应用程序方面，脸书公司成功超越自我的方法要么是将主要应用程序的功能加以分拆（脸书信使、群组和脸书精简版），要么就是进行收购（照片墙和网络信使）。脸书公司最初的努力并没有很强的原创性，与色拉布的角逐尤其如此。色拉布是下一个最吸引人的手机应用程序，增长得也最快。脸书公司没有能力推出一个有区别而且吸引人的产品，迫使扎克伯格不得不借助收购来加强防守。而利用照片墙和手机进行的防守效果就很好，但若下次收购被拒绝，或被谷歌公司抢先得手，脸书公司后防空虚的缺陷就会暴露出来。

　　面对这些问题，扎克伯格仍然无所畏惧。2016年4月，脸书公司宣布季度收益实现突破性增长，与此同时，苹果公司和字母表公司却没有达到华尔街的预期。公布季报之后，扎克伯格紧接着明确地表述了自己的打算："我展望未来时，我认为我们要采取比之前更大胆的行动。"（诚然，这句生动的话也为他在脸书公司实行一套新的股票方案给出了一个动人的注脚，那就是在确保自己牢牢控制着脸书公司的同时，卖掉他在脸书公司的股票，为他和妻子的慈善机构陈和扎克伯格创始公司提供资金。）

　　与20世纪60年代将人送上月球这样让人惊异的使命相比，很多企业的使命已经开始不再那么鼓舞人心，比如"为股东赚钱"。在成功追求自己的使命十几年后，扎克伯格跟与他同样敢于冒大险、干大事的企业家拉里·佩奇、杰夫·贝索斯和埃隆·马斯克一样，重新树立起企业使命在人们心中的良好形象。至于竞争，给扎克伯格以动力的主要不是与其他公司的竞争，要么是完全看竞争能否助他完成使命，要么是必须竞争。

　　从这个角度讲，几乎冒任何风险都是值得的。

第 18 章

难逃颠覆？
——科技公司的没落命运

编剧艾伦·索金、谷歌的文特·瑟夫、伯克希尔·哈撒韦的沃伦·巴菲特、查理·芒格等人都曾经不看好脸书公司，显然，脸书公司的存活时间已经超出了这些怀疑者的预期，但扎克伯格比大多数人更清楚，曾经伟大的科技公司能列出一个星光熠熠的长长的名单。这些公司在鼎盛时期不仅是行业的领头羊，而且在相当长的时间内广泛地影响着整个技术生态系统，比如惠普、雅虎、英特尔、思科、诺基亚和黑莓等公司。

颠覆可能导致失败很快到来，正如智能手机市场发生的情况，2010年年初，谷歌的安卓系统和苹果的iOS系统还不到20%的市场份额，3年以后，就超过了80%。

也许更糟，企业有时会表现出增速放缓，把你逼向悬崖边，需要你采取生死攸关的逆转趋势的举措。你却无法跨出这一步，就像温水煮青蛙，在这种假象的掩饰下，失败可能就悄然而至了。

科技公司最终难逃衰落

即使是最优秀的公司也经历过挣扎。2016年第一季度，苹果手机的增幅几乎为零。谷歌辩称大市场份额的诅咒导致了搜索点击量的放缓。即使每年收入增长超过1 000亿美元，亚马逊还是不断地与华尔街斗争，以避免华尔街对它产生过高的利润预期。

就像这三家公司做的那样，能在自己所在的行业保持龙头地位10年或更长的时间是一项罕见的成就，像脸书公司这样相对年轻的新公司也无法抗拒谋求与众不同的长期成功的诱惑。

希望并非战略，那么，什么方法可以抵御竞争者呢？那就是在其他人或事颠覆你之前，你先要颠覆自己。

20世纪80年代和90年代，英特尔就这个原则给大家上了一堂大师课。当时，它从商品化的计算机内存市场跃入相对新兴的微处理器市场，通过制造出更快的处理器向世界展示了自我颠覆的力量。这也正是苹果公司从一个消费群体小、偶尔濒临死亡的计算机公司到世界上最有价值企业的过程中所做的——它提供大小可以装进我们的口袋、方便携带的、质量更高的计算机，并在公司名称中删除"电脑"这个词，改称"苹果公司"。网飞公司一开始的业务模式是邮购，跟互联网无关，但在公司名称中却含着流媒体视频点播服务的内容（指Netflix中的Net），它期望能开展网络营销，同时也非常认真地颠覆自己的影碟租赁模式，这导致了连锁影碟租赁公司百视达的销声匿迹。特斯拉公司3.5万美元的Model 3车型销售肯定超越了更昂贵Model S车型，但如果想改变全球交通的性质，牺牲一个车型只是一个很小的代价。

扎克伯格的对策

脸书公司及其领袖扎克伯格很擅长在棋盘上调兵遣将来保护和拓展自己的布局，从而将硅谷最珍贵的信条变成自己内在的行为准则，并切实践行。

手机已经成了大势所趋？那就开发这个世界上最吸引人和使用泛围最广的手机应用程序，即便这会减少用户在电脑端的流量也在所不惜。也许脸书不是社交网络的唯一答案吧？太好了，那就收购照片墙，并让它成长为第二个最受欢迎的社交网络。如果社交网络不是人们连接和分享的最常用方式，那又怎么办？没有问题，把脸书信使拆分出来，独立运作，同时收购网络信使，让它们每个都发展成月活跃用户数达10亿的应用程序。长远来看，手机屏幕是否有可能不是我们最后一块屏幕？也许不是，那就让我们收购傲库路思，掌握虚拟现实和增强现实的技术，开发相应的消费产品。未来是否需要更有效地扩展互联网连接的新模式从而让数亿人连接起来呢？极有可能，那最好建一个互联互通实验室，不惜考虑采用卫星和无人机来解决这个挑战。计算机的能力最终是否能大到足以学会聪明地完成比以往更多的工作呢？几乎肯定如此，那就让人工智能的研究和应用成为产品的关键要素吧。

脸书很高明地共享了非核心资产（软件、服务器、网络和电信基础架构设计），目的是提升这些技术的性能，降低成本，从而促进整个行业的加速发展，对其核心资产（用户及其连接的信息），则紧紧抓住不放手。

他们在被迫这样做之前就主动做到了这一切。英特尔前首席执行官安迪·格鲁夫说过一句很著名的话："做出艰难的决定永远都不会为时过早。"在早期遇到困难时，扎克伯格大多数决策做得还是很不错的。

到目前为止一切顺利，但是，整个世界都在尝试，而且一再尝试，即便如此，硅谷仍然是独一无二的，这是有原因的：无论一个年轻的科技人朝着不确定的未来走多远，在硅谷总会有另外一个科技人愿意另辟蹊径，走得更远，速度更快。有时，等你意识到的时候，他们已经走得太远，赶也赶不上了。

这就是过去 50 年来，硅谷为何能从仙童半导体公司引领的半导体、英特尔唱主角的个人电脑、雅虎引领的网站和脸书主导的社交网络，一路演变至今天的智能手机和手机应用程序，而用户的注意力还是主要由脸书的一系列应用程序掌控着。现在，市场正向手机聊天应用程序方向演化，我们正处于这条临界线上，至于谁能称霸，那要看竞争的结果，但唯一能确定的是，未来还会有另一波衍化。只有少数公司得以存活，比如谷歌、苹果、亚马逊和脸书，这些公司只要能熬过这些变迁中的一次就能继续蓬勃发展，更不用说熬过多次变迁了。

科技变迁好比 3 月 15 日之于恺撒[1]，对于现在的企业领导人来说非常危险。

如果成为领导者是如此危险，那么，扎克伯格等安迪·格鲁夫"只有偏执狂才能生存"的忠实追随者又将把自己的偏执安放在哪里呢？他正在做着什么来避免绝大多数科技从业者都会遭遇的长期衰落呢？

---

[1] 公元前 44 年，恺撒成了终身独裁者，并且传闻他还想称王。于是，60 名元老院议员串通起来，密谋暗杀恺撒。3 月 15 日，当恺撒走进元老院时，身中 33 刀，当场毙命。——译者注

最大的威胁来自内部

　　脸书公司的成功使它处于跟其他龙头企业一样的位置：享有特权，却又脆弱不堪，只有通过制订出色的战略，并切实执行来掌控自己的命运。然而，战略不是一拍脑门就定下来的，它的制订需要优秀的人才和出色的团队，所以，留住优秀的人才是脸书公司面临的最大威胁。很明显，第一位优秀人才就是扎克伯格，他在战略和文化上是不可替代的。紧接着，这个名单上依次出现的是桑德伯格、考克斯和斯科罗普夫，因为他们时刻警惕地运行着脸书公司最重要的部门（业务、产品和工程），也许更重要的意义在于，他们是公司成千上万员工的文化试金石，他们可以激发员工为保持领先去跨越障碍的渴望。很难想象失去这个群体中的某个人会怎样，如果公司失去了他们，随之而来的后果可想而知，因此，在安迪·格鲁夫卸任首席执行官或乔布斯去世后，英特尔和苹果两大公司挣扎求生绝非偶然。脸书公司最希望做的就是培养出下一个守护人，在这方面，脸书公司比大多数企业都有优势。脸书公司拥有不少资深人士，像长期任职的桑德伯格的几位副手：业务部门的丹·罗斯和戴维·费舍尔，产品部门的德布·刘，工程部门的杰伊·帕里克，市场营销与通信部门的加里·布里格斯和卡琳·马鲁尼，以及最近从其他公司加入脸书公司的负责人，比如产品部门的戴维·马库斯。很少有人像他们那样，可以将技术和文化融为一体既，契合脸书公司，又可以为它的长期发展出谋划策。

脸书公司另一个内部的隐忧更加隐蔽，往往难以察觉，那就是未来投机性项目的成本、广度和分心的程度，包括虚拟和增强现实的硬件和内容、全球互联和人工智能代理。探索新的领域令人兴奋，也很必要，但当某些努力严重损害利润、影响专注时，却很不容易被发现。你喊"停"的能力被暗中削弱，以致你已经无力控制混乱局面了。当你的投资开始越来越多，却得不偿失时，支撑你奉献自己激情的必定是提供超乎消费者想象的产品，或更让他们感兴趣的服务。蓬勃发展的广告业务为脸书和扎克伯格进行这些探索提供了手段和智力的支持，但随着时间的推移，这成为脸书公司在核心业务增长和努力擦出新火花之间的一种懦夫式博弈，看谁先出局。在脸书开发出第二个（搜索服务？聊天软件？）或下一个业务之前，扎克伯格仍需继续大胆地走钢丝。谷歌公司也面对类似的挑战，预计这两家公司会越来越多地侵入对方的领地，从而为保住各自的地位而构筑起更坚固的防御阵地。

用户注意力的转移

在脸书公司围墙之外，用户的兴趣和行为是影响脸书命运的最大因素。如果脸书在广泛分享上的领导力受到其他产品不断升级的挑战，比如色拉布的发现（Discover）功能（可能性较大），或推特的东山再起（可能性较小），那么，脸书的用户参与度北极星指标显然会受到威胁，相应地，其业务也会受到影响。脸书的动态消息开发了不少新的功能，包括视频直播、全景视频和即时文章，再加上照片墙这样的全新平台，目的就是防止出现用户分崩离析的状态。不过，用户在脸书产品上的在线时长持续增加，由此看来，脸书确实做到了这一点。

另一个相关但不同的挑战是广泛分享本身的重要性下降，这种广泛分享具体体现为单个用户之间和小群体内部传递短消息的聊天软件，包括美国的色拉布、中国的微信、日本的连我和韩国的卡考说说等聊天软件。独立手机应用程序脸书信使的增长和网络信使的收购将脸书公司置于这一转变的中心，它们也因此有效地保护了脸书的更高地位。脸书更大的挑战是，在将即时通信转变为使用户和企业都受益的有利可图且日益增长的产品上，是否落后于竞争对手。

第三个挑战是要减少对用户正在消费什么的注意，要多留心他们是如何消费的。手机屏幕统治地位的变化将会让脸书最大的优势消失殆尽，并使脸书面临整个行业的重新洗牌，丧失它的领先地位。人们普遍认为，若是说有什么产品能在手机屏幕的基础上演化发展（可能性更大）或替代手机屏幕（可能性较小）的话，那就是虚拟现实产品，更有可能是增强现实产品。这就是扎克伯格要在这类新媒体可能对注意力和消费方式产生重大影响很多年之前收购傲库路思虚拟现实公司的原因。讽刺的是，此次收购反而引起整个行业对这两项技术的极大关注，引发脸书、谷歌、微软、索尼等巨头展开竞争，很可能苹果公司也会加入角逐，竞相成为首先开发出这种大型产品的企业，从而重新定义市场，构建起保护自己的护城河。

产品有效性和收入

以目前的状态,脸书公司几乎完全依赖其手机广告产品的收入。它之所以健康成长的原因是它的广告产品对世界各地各种规模的企业都有效,但是,广告有效性的下降会对脸书公司的收入构成巨大的威胁,因此,也就对脸书当前和未来一直在追求的使命构成威胁。这种有效性的丧失可能来自脸书公司自有产品的问题(因广告数量增加导致的价值下跌,或因服务内容受限导致的价格上升),以及/或者源自其他有可比性的数字广告产品的改进,包括谷歌、YouTube 和新加入的色拉布的数字广告(据市场研究公司 eMarketer 预计,2017 年,色拉布收入近 10 亿美元,快速成为一流服务商)。大大小小各种规模的 400 多万家广告商构成了脸书公司高度多样化的客户群,这不啻一个天然的防护屏障,可以有效地防止任何系统性的崩溃,一系列新产品也在不断加入,包括基于即时文章的全屏画布广告技术,以及所谓的可选购(shoppable)视频广告和全景视频广告,这些产品旨在为更多的广告商提供更大的价值。

说得更直白些,如果脸书公司自己开发不出最好的新产品(或有必要的话收购最好的新产品),它在消费者心目中的优势地位就会被削弱(继续深入挖掘它在发达国家的现有用户,或成为发展中国家新互联网用户的服务提供商,这些用户将达几十亿),而这些消费者正是各个行业广告业务的目标受众。脸书公司自己的业务实力和能使收购来的产品取得成功的声誉使它在扩大产品线时处于优势地位，但若只是跟过去的产品一样好，就不能保持其核心业务的增长，或助其收购来的产品茁壮成长，这样不仅不可能打开源源不断地创造收入的突破口，连未来为了确保再获成功所需的收购也成了问题。

平台的限制

看到脸书公司在手机应用程序上取得了巨大的成功，人们很容易忽视它自身的一个依赖性缺陷，那就是它有两个并不乐意它取得成功的"房东"，苹果手机的iOS系统和谷歌的安卓系统基本上是决定脸书手机业务也就是它的收入的"东家"。这些系统不对任何应用程序开发商"开放"，因此应用程序开发商无法与消费者自由连接（但这是网站的工作方式）。苹果公司和谷歌公司的应用商店为它们设置了门槛，各自规定了使用条款和条件，而条款和条件完全由苹果公司和谷歌公司说了算。在这两者中，谷歌公司既是脸书公司最大的竞争对手，也占有了手机系统单位容量的近80%，安卓系统的条款对脸书功能来说非常麻烦，尤其是在广告的性质方面，这将直击脸书业务和收入的核心。脸书、苹果和谷歌之间存在着一种的三角关系：手机需要规模最大也最吸引用户的脸书，脸书则需要两个平台，即使是对运行条件的微妙扰乱，比如苹果或谷歌对不使用其系统的应用程序收取一定比例的费用，对脸书公司也是不利的。

管制的影响

对脸书公司来说，被政府干预扼制了它的发展，这种威胁似乎很抽象，但若是仔细观察，就会发现这种威胁十分具体。无论是被完全禁止，还是间歇性地开放（如越南），还是出于数据保护和隐私权的考虑而有所限制地运营（如欧盟数据保护指令），或内容过滤（如德国反对使用纳粹标志，某些伊斯兰国家不允许出现对穆罕默德的描述），任一或所有以上政府干预都会导致脸书公司对其使命的追求更加复杂、更受限制或完全不可能。特别难应付的是那些管制措施或命令，如大幅限制获得用户数据的管制措施，这使得脸书无法提升匹配广告商和用户的能力，还有美国的媒体管理法规等命令，这些命令或措施会阻碍动态消息的算法最大限度地提高用户参与度的能力。对于各个国家的监管措施，脸书公司则是非常谨慎地积极斡旋和响应，并且深知真诚的沟通和合作才是唯一的出路，这是谢丽尔·桑德伯格团队的职责所在，也是桑德伯格本人极为重视的问题。长期的合作关系、政治甚至对扎克伯格来说学习普通话都是脸书公司走出这个复杂的雷区的必经之路。

设想不可能的事

目睹这样的竞争场景，扎克伯格不得不承认，目前他手底下的成功产品可能正处于生死关头。他不仅要培育下一个平台，以便生死关头时，他可以转战新的平台，同时他还要孜孜以求尚处远方的下下个平台。2016年4月，在脸书公司的F8开发者大会上，他将这种想法描述为分三步走的进步：（1）采用新技术；（2）将其转化为用户可用的成功产品；（3）建立一个日益成长的合作伙伴生态系统，这些合作伙伴包括围绕在脸书周围的开发商和广告商。脸书就是一个装配线，在此进程的不同节点上，加入不同的技术，而脸书本身是最成熟的生态系统，照片墙、脸书信使和网络信使是成功的产品，已经形成各自成熟的生态系统，人工智能、互联互通和虚拟现实/增强现实才刚刚开始超越技术阶段。

要攻击脸书的技术装配线，你必须攻其要害，为此要找到脸书的关键资产，跟所有企业一样，关键资产即它的收入来源，因此，也最为脆弱。

对谷歌公司来说，其关键资产是理解人们想要表达的意图，并通过搜索广告将其转化为收入。对苹果公司来说，其关键的资产是硬件和软件出色的集成能力，利用软件和内容构成的充满生机的生态系统，将它们转化成高获利性的小工具。

脸书公司的领导力体现在它能让用户互相连接，并通过连接者之间发生的事情独占他们的上网时间，而这就是它的关键资产。之后通过展示广告，将这种能广泛接触到用户的优势转化为收入。

为了使这些威胁和操纵更具真实性，让我们想象以下非常具体、非常危险、有可能会让脸书地位不保的三种场景（即除了未能执行已有计划外，每一位领导者最迫切需要解决的事情）。

正面攻击（下一个5年）。想要击败脸书在连接用户并在这些连接之间发布内容的能力可不是一件容易的事，但当分享似乎正在改变性质，不再那么个人化时，若一个发展迅速且颇受欢迎的新产品或服务与一个现有领先产品或服务相结合，而且这个领先产品拥有财力和技术，以及能增进品牌或产品认知的必要手段，就可以阻断脸书与其用户之间的连接。

在这方面最有说服力的案例是谷歌收购色拉布。

这次收购与脸书收购照片墙很相似。色拉布得以集中精力发展自己的平台，让用户利用手机分享媒体短片，在吸引千禧一代用户注意力的优势上更进一步。同时利用谷歌的财力支持，利用YouTube现有内容的生态系统（YouTube拥有2 000多个频道和100多万订阅用户），以及谷歌在数字世界最大的搜索量和庞大的广告商基础。

如果谷歌进一步将这一具有攻击性的威胁与前所未有的防御性举措结合起来，改变其安卓系统的使用条款和条件，允许包括脸书、照片墙、脸书信使和网络信使在内的应用程序投放广告，只要这些应用程序使用谷歌的广告系统，允许谷歌从这些广告收入中抽取30%~70%，这将使脸书在用户和广告商心中的战略地位同时受到侵蚀，因为谷歌会吸走脸书的用户，从而让多达80%的脸书应用程序减少30%以上的收入。

在这种设想的情况中，有许多不太可能发生的因素，其中之一就是如果谷歌在其操作系统中强制推行谷歌的广告系统，就会引发反垄断调查。不过，这种情况是可能发生的。

侧面进攻（5年以上）。除了攻击脸书在连接用户方面的优势外，也可采用迂回进攻的方法攻击用户的上网时间。目前，只有三类成功的竞争对手可以在用户在线时长上将脸书的一系列应用程序逼入困境：YouTube、美国广播公司（ABC）、哥伦比亚广播公司（CBS）、美国全国广播公司（NBC）、福克斯（Fox）和娱乐与体育节目电视网（ESPN）等电视台（网）通过光缆和卫星提供商传送的电视节目，以及网飞、美国家庭影院频道和亚马逊金牌会员视频（Amazon Prime Video）等的订阅用户视频点播（SVOD）。

似乎我们现在的电视频道上有太多的电视节目了，用户越来越无法理解和消化所有的视频信息，但侧面进攻方法会利用人们对所有类型视频内容的兴趣，把用户吸引到一个新的节目，利用这个节目来消耗他们的时间，从而用一个高度智能的、易于使用的产品或服务涵盖所有类型的视频资源。为了让用户把这个产品或服务视为是一个改变游戏规则的创新，该产品或服务必须从重点的传统平台上，以及YouTube、葡萄藤（Vine）、色拉布、照片墙甚至脸书等平台的重点公共内容中汇集付费的内容，并超越现今的发现机制，提供下一代发现机制，因为当前的发现机制无法再充分地处理所有的内容。考虑到一切可用的公开评论和趋势以及你持续的反应和引导，新机制将为你提供一个智能代理，为你积极地显示最有趣的视频，而不是提供搜索、引导或存储的方法。

它是你的网络内容管家——点唱机式的机器人程序。

它不得不自己处理所有的事情，从美国职业橄榄球赛事到家庭影院频道的《权力游戏》和网飞的《纸牌屋》，从热门的葡萄藤到色拉布的发现（Discover）应用程序播放的新内容。而这些新内容则来自美国有线电视新闻网和在迪拜举行的红牛无人机比赛拍摄的全景视频，每月只需 99 美元，就可以按需传送至你所有的设备上，为你节省较高的有线电视收视费，并将今天在许多不同应用程序和几类不同硬件上的内容整合起来，给人带来一种集成而有趣的体验，而且源源不断，从不枯竭。

虽然实现起来有点难，看来也只有谷歌、苹果和亚马逊拥有这样的技术和规模能做到这一点，脸书却要被迫卷入这场激战，来看看到底是人最重要还是内容为王，来看看让你获得最喜欢内容的最佳供应者是机器还是人。

如果该服务在新的主流界面出现时推出，比如用户可用的轻盈的无线眼镜，把在完全透明的镜片上投射的内容转变成增强现实和虚拟现实的内容，就像是随身携带一台 80 英寸的电视机，想看就看，而且在技术上远远领先脸书公司的傲库路思虚拟现实硬件，并能阻止脸书现有的服务在新界面上像在手机上那样流行开来，这将对脸书的发展势头构成巨大的威胁。你在"点唱机式的机器人程序"上每花 1 分钟，就等于在脸书的动态消息上少花 1 分钟，要知道，这可是脸书公司的主要收入来源。

苹果和谷歌都见识到了脸书是如何借助它们的手机平台发展自己的势力和取得成功的。类似在个人电脑时代，智能手机生态系统动摇了英特尔的统治地位一样，内容和界面的不断衍化会导致破坏和转变，脸书的霸主地位未来也许就可以被撼动。

争抢收入（未来 5 至 10 年）。也许有一种局面发生的概率较小，但危险不亚于前两种情形，那就是既不攻击脸书在连接用户方面的优势，也不抢夺用户在脸书上的在线时长，而是通过为一部分脸书的广告商提供一个更有效的广告选择，直接抢夺其一部分广告收入。而这些广告商的影响很大，足以浇灭扎克伯格的发展劲头，破坏他投资未来以防止被瓦解的能力。

除了谷歌，在线零售巨头亚马逊是这个世界上为数不多拥有与脸书用户同等价值的用户的公司，而且是掌握用户信息的几家公司之一。从对广告商的重要性讲，亚马逊可能更有价值。

掌握世界上3亿多用户的购物史和信用卡号码，并把产生兴趣和实际交易之间的距离缩小至只需一次点击，难怪在华尔街的金融家眼里，这家在线零售商要比零售业巨头沃尔玛更有价值。到2016年，亚马逊的金牌会员计划已经渗透至50%的美国家庭和70%最富有的人。早期实验性推出的一键购物（Dash）使得家用物品的自动重新订购只需点一下按钮，其声控助手回声（Echo）甚至使用户下订单的举手之劳也免了。除了经营自己的在线零售业务之外，亚马逊还通过自己的网络服务部门为大小企业提供管理数字业务基础架构的服务，不到10年的时间，其年营业额就达到了100亿美元。

凭借备受尊重和任职时间最长的互联网公司首席执行官杰夫·贝索斯的掌舵，谁敢说亚马逊不会更专注于将对自己网站用户的了解，以及由亚马逊管理其网站基础架构的公司的信息转化成广告机会？否则，这些公司就会把钱投到脸书做广告，特别是那些零售企业和消费性包装品生产企业，这两类企业始终是前三大广告支出企业之二。

在这三种情景中,"假如"出现的次数很多,这表明即使是谷歌、苹果和亚马逊这样的大型竞争对手也很难在用户及其消耗时间的方式上取代脸书的领先位置。

撼动脸书的地位不是不可能,但即便在这些公司处于最佳状态的时候,机会也不大。扎克伯格明确表示,他不会无所事事地袖手旁观,更不会玩忽职守,坐以待毙。

致谢

感谢我的妻子琳恩、儿子克里斯和女儿卡特丽娜,这就是一个男人需要的最出色的社交网络。感谢那些在我要进行下一项冒险时,给我同样感觉的家人们。爱你们!

感谢脸书公司的广告团队马克、谢丽尔、丹·罗斯、墨菲、杰克和KX以及我非常有幸组建的所有出色的团队,是你们让我从原来在英特尔时买广告的变成了卖广告的。

感谢脸书公司的领导团队,它由马克和谢丽尔领导,他俩是最优秀的首席执行官和首席运营官搭档,感谢克里斯、施雷普、杰伊、查马斯、哈维尔、亚历克斯、娜奥米、费舍尔、加里、凯文、麦克、简、布赖恩、洛丽、戴维、扬、布伦丹、帕尔默、约翰和迈克尔,他们是硅谷板凳最深的管理团队之一,他们富有远见,而且愿意为脸书实现无法实现的使命添砖加瓦。

感谢我的朋友和17亿多用户的社区,是他们的生活让整个脸书丰富多彩。

感谢我的经纪人杰夫·赫尔曼,是他最早构想本书,并孜孜不倦地推动一位新手开始写作的。感谢我的编辑斯蒂芬·S.鲍尔,感谢他的信任,让我能落笔成文,他不但给我以极好的指导,而且就书稿的大幅修改详加解释。

感谢我的朋友和描写伟大女性角色的作家亚当·拉库纳斯，她帮我迈出了漫长旅程的第一步。感谢那些愿意当早期读者和评论者的亲朋好友，包括罗伯特·西格尔、丹尼斯·卡特、安·鲁恩思、戈克尔·拉贾拉姆、黛博拉·康拉德、布拉德·波斯顿、皮特·克拉克、杰弗里·穆尔、安妮·威尔森、罗伯塔·汤姆森、威尔·普拉特-希金斯和马克·普里查德。

感谢总编辑米兰达·彭宁顿、高级策划编辑巴里·理查森以及文字编辑佛雷德·达尔、版式设计师塞布丽娜·鲍尔斯、校对朱莉·格雷迪和创意总监凯思琳·奥德柯克，他们确保本书达到了应有的质量，还要感谢宣传主管艾琳·玛尤克为本书的广而告之付出的努力。

感谢艾默康出版社（AMACOM）让硅谷这个从未有人讲过的故事为人所知。

谨此表达只有菜鸟作者才会感受到的全部感激之情。